读懂中国制度

刘余莉 主编

U0734066

等贵贱均贫富
损有余补不足
中国制度中的平等观念

杨小宸 编著

CIPG | China Foreign Languages
Publishing Administration
中国外文出版发行事业局

外文出版社
FOREIGN LANGUAGES PRESS

出版前言

　　中国作为世界上唯一一个和平崛起的大国，用几十年的时间完成了发达国家几百年走过的工业化历程。中华民族迎来了从站起来、富起来到强起来的飞跃，创造了"中国奇迹"。新中国从建立时的一贫如洗，经过短短几十年的努力，一跃成为世界第二大经济体，引发了世界惊叹。

　　英国学者马丁·雅克在其著作《当中国统治世界》一书中敏锐地指出："认为中国对世界的影响主要体现在经济方面，实在有些过时。中国的政治和文化可能也会产生无比深远的影响。"如今，随着中国日益走向世界舞台的中央，"中国之治"与"中国精神""中国智慧""中国方案"等也越来越得到国际社会的关注。而中国的成功，归根结底是中国制度和中国治理模式的成功，所以世界各国越来越多的学者开始探究中国治理的特质和优势。在中国制度形成的过程中，有很多因素都发挥了作用，其中最根本的，也是最重要的，当属中国几千年的文化传承。因此，要读懂中国制度，离不开对中华优秀传统文化的深入理解和正确认识。

　　任何一个国家的制度和治理体系皆非凭空出现，一定有其历史文化的渊源。习近平总书记在十九届四中全会的重要讲话中强调：中国特色社会主义制度和国家治理体系具有深厚的历史底蕴。在几千年的历史演进中，中华民族创造了灿烂的古代文明，形成了关于国家制度和国家治理的丰富思想，包括大道之行、天下为公的大同理想，六合同风、四海一家的大一统传统，德主刑辅、以德化人的德治主张，民贵君轻、政在养民的民本思想，等贵贱均贫富、损有余补不足的平等观念，法不阿贵、绳不挠曲的正义追求，孝悌忠信、礼义廉耻的道德操守，任人唯贤、选贤与能的用人标准，周虽旧邦、其命维新的改革精神，亲仁善邻、协和万邦的外交之道，以和为贵、好战必亡的和平理念，等等。中国选择中国特色社会主义制度，是由中国5000年的历史文化决定的。

这套"读懂中国制度"丛书，以习近平总书记在讲话中概括的11个方面为分册标题，以中国正史中记载的治国理政故事为基础，与当代中国治国理政的实践相结合进行阐述，在追溯古代中国治理经验和智慧的同时，呈现今天中国特色社会主义制度对中华优秀传统文化的一脉相承以及创新性发展，从而使读者清晰地看到中国特色社会主义制度的历史传承及其独特的民族性。

中国传统文化之所以优秀，是因为它是"志于道"的文化，追寻的是宇宙人生的大道。而老子指出，求道的方法与求学不同："为学日益，为道日损，损之又损，以至于无为，无为而无不为。"古圣先贤正是通过无为、无知的方式达到了无不为、无所不知。这与西方人求知识的方法已然不同。在求知的过程中，即使知识再丰富，但只要有知，就会有所不知，就不可能达到"全知"的境界。而圣人无知的境界，就如镜子一样，上面干干净净，本身没有任何图像，但是镜子的作用却能达到"无所不知"，可以"寂而常照，照而恒寂"。中国古人认为"人皆可以为尧舜"，即任何人通过学道都可以成圣成贤（"全知"）。但是在西方文化中，"全知"的上帝只有一个。因此，用西方求知识的方法理解中国古圣先贤的智慧，在方法论上就已存在相当的困难。

方法论的不同也导致了世界观和认识论上的分歧。

西方人的世界观和认识论以"二元对立"为主要特征：主观与客观、主体与客体、自我与他人、人与自然界等等。这种二元对立的思维方式渗透到方方面面，于是父子、夫妇、老板与员工，乃至兄弟、朋友、企业、国家之间都成为彼此对立的关系。所谓的竞争、博弈论、修昔底德陷阱等概念和理论，都是在这种二元对立的思维中产生的。用这种"二元对立"的思维方式和眼光来审视中国传统文化中的父慈子孝、夫义妇德、君仁臣忠、兄友弟恭、诚信合作、互利双赢、协和万邦、天人合一等理念，不可避免会导致误读与误判。

　　而中国古人很早就形成了"以天地万物为一体"的世界观，在这种"一体之仁"的观念之下，父与子、夫与妇，乃至兄弟、朋友、君臣、国家之间都是和谐一体的关系，因而一荣俱荣，一损俱损。在这种整体的思维方式下，中国虽然经历了漫长的历史发展过程，但是仍然保持了人与人、人与自然、人与社会，乃至国与国之间的和谐相处，从而使得中华文明作为世界历史上唯一一个没有中断的文明得以延续。究其原因，在于中国人在绝大多数的历史阶段中都尊重了古圣先贤"志于道"的发展方向，遵循了"天人合一"的世界观，采取了"一体之仁"的整体思维方式，坚持了"民胞物与"的道德观念。这种世界观、思维方式、道德观念渗透在国家治理和社会制度的方方面面。这套丛书正是从不同的视角解读独具中国特色的文化传统如何具体体现在政治、经济、文化、教育、法律、外交等制度设计与政策制定之中，从而为世界更好地了解中国搭建起一座桥梁。

　　当然，读懂中国制度，无论是对于具有西方文化背景的外国人，还是对于中国人本身，都不是一件容易之事。但这又是一件必须要做的事，因为它对于促进中国社会和谐，以及国与国之间的和平共处，具有重大意义。

　　"读懂中国制度"丛书也是坚持用中国话语讲好中国故事的一次尝试和努力。相信这套书的出版对于广大读者理解中国特色社会主义制度和国家治理体系的深厚历史底蕴，坚定中国特色社会主义道路自信、理论自信、制度自信、文化自信，以及对于促进中西方的文化交流互鉴，提升中华文化的国际影响力，都将产生积极而深远的影响。

总　序

　　进入21世纪以来，人类的整个面貌发生了巨大变化，世界的格局也出现了微妙变动。西方社会对于中国将要走向何方，以及选择什么样的方式走下去，表达了较之以往更为浓厚的兴趣。尽管这种兴趣里面仍然裹挟着一些质疑，但面对中国共产党领导下的中国特色社会主义伟大实践所取得的历史性成就，西方社会也不得不开始认真思考中国成功背后的答案到底是什么。

　　与西方社会表现出的困惑不同，这个问题的答案对于中国人而言是不言自明的，那就是中国共产党领导下的中国特色社会主义制度，是符合中国国情的根本制度，是能够确保我们顺利实现"两个一百年"奋斗目标，开启全面建设社会主义现代化国家新征程，进而实现中华民族伟大复兴的坚强保障。读懂中国，最根本的就是要读懂中国制度，读懂蕴藏在中国制度之中的文化基因和精神气质。正如习近平总书记多次强调的，中国特色社会主义制度是马克思主义为指导、植根中国大地、具有深厚中华文化根基、深得人民拥护的制度，是马克思主义同中国传承了几千年的优秀历史文化和广大人民日用而不觉的价值观念融通结合的产物。读懂中国制度及其蕴藏的精神气质，不仅要立足于当下的伟大实践，也要深入传承至今的中华优秀传统文化，领略其生生不息而日新又新的古老智慧。

习近平总书记在《坚持和完善中国特色社会主义制度、推进国家治理体系和治理能力现代化》的重要文章中，把中国制度所具有的深厚的历史底蕴从11个大的方面做了提纲挈领式的概括，集中涵盖了古人关于国家制度和国家治理的丰富思想，内容包括德治主张、民本思想、平等观念、用人标准、改革精神、外交之道等，为人们准确把握中国制度的精神气质指明了方向，彰显了中国制度的巨大优势和独特魅力所在，传达着坚定的文化自信和制度自信。

这套"读懂中国制度"丛书正是以习近平总书记的讲话精神为指导，深入到中华优秀传统文化的脉络之中，通过选取历史上与国家制度和治理有关的人和事并予以要言不烦的解读，力图把古人治国理政的智慧和经验清晰地呈现在人们面前，希望人们在不忘本来、以史为鉴的同时又能古为今用，助力当下正在推进的波澜壮阔的治国理政实践。由此可见，这套丛书的编撰有着鲜明的问题意识和现实关怀，虽然所选用的材料取自历史，但辨析的角度却是着眼当下，因此能给人以特别的启发。这套丛书很好地阐释了中国制度背后的悠久历史文化底蕴，有助于理解中国特色社会主义制度和中华优秀传统文化之间的历史继承性和时代创新性。

中国制度好不好、优越不优越，早已是无须争辩的议题，因为历史已经做了最好的回答。但是，中国制度好在哪里，优越在哪里，如何才能把中国制度的显著优势恰如其分地讲出来，而且讲得有理有据、深入人心，不得不说还需要下一番功夫。尤其是对中华优秀传统文化的解读和阐释，更是要别具慧眼。习近平总书记早就指出，中华优秀传统文化是中华民族的精神命脉，对于中国特色社会主义建设具有重大意义，是治国理政的重要思想资源，能够为治国理政提供经验借鉴和智慧启示。中华民族之所以是中华民族，就是因为中华优秀传统文化赋予的精神气质。对于中国制度而言，道理也是如此。读懂中国制度，最根本的也就必然是读懂涵养了中国制度之精神气质的中华优秀传统文化的根本精神。

中华优秀传统文化是一种关于"道"的整全认识，天地之间的万事万物都要遵循"道"，以"道"为最高的原则和规范而不能违逆，只要是背道而驰的，都必然会遭到相应的惩罚，就像《中庸》中所说："道也者，不可须臾离也，可离非道也。"这就决定了中国古人无论是在处理与家国社会之间的关系，还是在处理与天地自然之间的关系时，都崇尚效法于"道"，按照"道"的要求通达宇宙人生的真理，成就利国利民的事业。正是在这个意义上，中国古人形成了关于"治国之道"的庞大而又严谨的思想体系，其中既涉及为君之道、为臣之道等关乎人的一面，也有为政之道等关乎制度的一面。

具体而言，治国之道关乎人的一面表现在诸如以民为本、民贵君轻、亲仁善邻等，为政之道的一面则表现在诸如德主刑辅、选贤与能、以和为贵等。一言以蔽之，就是要以道治国。中国特色社会主义制度的精神与此一脉相承，全面地体现了古人治国之道的精髓。习近平总书记指出："始终代表最广大人民根本利益，保证人民当家做主，体现人民共同意志，维护人民合法权益，是我国国家制度和国家治理体系的本质属性，也是我国国家制度和国家治理体系有效运行、充满活力的根本所在。"这既是对中华优秀传统文化的最好继承和发展，也是中国制度所蕴藏的精神气质的最佳体现。

古人讲，仁者见之谓之仁，知者见之谓之知。读懂中国制度及其精神气质可以而且应该有不同角度的阐释，对此问题的追问当然不能局限在得到一个答案。坚持、完善和发展中国特色社会主义制度是一个动态的过程，因而也就必须以一种与时偕行的眼光来看待。希望"读懂中国制度"丛书的出版，为人们提供一个独特的视角去整体地审视中国制度的宏大问题。这不仅值得去深思，也值得进一步推进。

刘余莉
2021 年 6 月

目录

导　语

　　纵览历史典籍，"等贵贱""均贫富""损有余补不足"的思想在中国古代君王之治的相关论述中均有记载。比如《荀子·君子》中说，"等贵贱，分亲疏，序长幼，此先王之道也"；《群书治要·韩子》中说，"明主之治国也，适其时事，以致财物；论其税赋，以均贫富"；《群书治要·汉书》中说，"取于有余，以供上用，则贫民之赋可损，所谓损有余补不足，令出而民利者也"，等等。等贵贱均贫富、损有余补不足的平等思想，是根植于中国传统的伦理思想，并随着社会形态的更迭、经济的发展所提出的社会理想。

　　所谓"贵贱"，刘宝楠在《论语正义》中的解释是：有爵禄的人就称为贵，没有爵禄的人就称为贱。"等"在《说文解字》中的解释为"齐简也"，段玉裁注"引伸为凡齐之称"。所以"等贵贱"可以理解为，人无论是否有爵禄，都是平等的，没有高下之分。古人认为，人人都有自性明德，从最根本上来说，人本没有贵贱之分，就像《庄子·秋水》中说的："以道观之，物无贵贱。"然而因为每个人的修养不同，习性不同，所以自身明德显现的多少也会不同，所以《淮南子·齐俗训》中也说："物无贵贱，因其所贵而贵之，物无不贵也；因其所贱而贱之，物无不贱也。"这蕴含着古人对于人在本性上平等、但习性使之不平等的深刻理解，以及人们对人格平等的理想追求。

在传统的儒家思想中，也强调"人皆可以为尧舜""涂之人可以为禹"等人性上的平等。但在社会治理中，"等贵贱"更倾向于解释为"贵贱有等"，比如《荀子·君子》中说：贵贱有等，才能使政令施行顺畅。这虽然看似是对平等的否定，实际上却是维护人格平等的一种方式。儒家认为，社会分工的高低有序是社会发展的必然需求，所以他们用礼法来规范社会各阶层的行为道德。一个人不论贫富贵贱，都有他们的伦理关系，而在这些伦理关系中，他们要履行各自的义务，也要承担相应的责任。这恰恰表明儒家承认在伦常道德面前人人平等。正如《孝经》中对天子、诸侯、卿大夫、士、庶人的孝要求不同一样，儒家认为不同的社会角色需要承担起与之相应的社会责任，身份地位越高，影响范围越广，责任越大，与之相对应的要求也就越高，这从社会分工角度来看，亦是一种平等。

从社会经济角度来看，"均贫富"也体现了平等。所谓"贫富"，皇侃在《论语义疏》中这样解释：缺乏财富的人叫贫，有积蓄的人叫富。这里的贫富是物质层面的定义。"均"，朱熹在《论语集注》中解释为"各得其分"，就是每个人都要得到其应得的部分。所以"均贫富"是指百姓无论是有财产还是没有财产，都能得到与其劳动相应的回报。相对于财富的积累，古人更看重财富的"均"。孔子在《论语·季氏》中说，"有国有家者，不患寡而患不均，不患贫而患不安"。因为治理公平，百姓收入基本平均，就不存在贫穷；社会和谐，人们安居乐业，人口就不会减少；民心安定，国家就不会有倾覆之患。由于中国传统社会奉儒家思想为文化统治基础，因此，历史上很多君主都意识到了"均贫富"的重要性，认为"均贫富"有利于维护社会持续稳定发展。

春秋时期，韩非子就提出要顺应时节调整税收以"均贫富"的见解，他说，"明主之治国也，适其时事以致财物，论其税赋以均贫富"。管仲也提出"天下不患无财，患无人以分之"，主张政府统一征收食盐，再以较低的价格转卖给平民，避免财富过多流入商人手中。到了秦汉时期，各诸侯国之间的国界被打破，土地兼并和私有化的盛行导致了严重的贫富差距。为了解决这一问题，汉朝政府除了沿用和发展管仲的分财思想提出"平准法"，还通过让富人买爵的方式获得更多财产，从而既保证了政府的用度，又减轻了贫民的赋税。到了唐朝，朝廷又根据百姓的资产情况设置了不同的税收等级。这一系列措施的目的，都是为了使人们公平地获得财富。

老子说，"天之道，损有余而补不足"，"均贫富"正是天道"损有余补不足"的一个重要体现。天道之所以减损有余、增补不足，是因为天地的无私之德，亦如《礼记》中孔子所说："天无私覆，地无私载，日月无私照。"由天道及人道，《易经·谦卦》中说"君子以衰多益寡，称物平施"，"衰多益寡"即为减损有余以增补不足之意，此句教导人们要效法天地"损有余补不足"的规律，平等施物。

憨山大师在《老子道德经解》中对这句话的注解包含了两层意义。其中第一层意义是"损一气之有余，以补万物之不足"，就是指天道"施而不受"，把"施而不受"应用于治国理政之中，就是君主把修养自己身心的明德施予百姓，使百姓也能够得到含养和教化。第二层意义是"虽为而不恃其能，虽成而不居其功"，是指作为君主要做到不恃能、不居功，把功劳让给他人，而自己谦虚退让，如此一来，就能化敌为友，使万民归服，这是由损至益的体现。

"损有余补不足"的施用，体现了古人对于盛极必衰、消极必长的深刻理解。在古人看来，"有余"和"不足"都不是恰到好处的中庸之道。《群书治要·文子》中说：对于一个国家来说，真正的富足，并不是财物多，而是人们的欲望得到节制、不必要的事情得以减少；真正的缺失，并不是没有财物，而是民心浮躁、社会奢侈之风盛行。因此，古圣先王并没有主观创造出来一套治理方法，而是顺应自然之道去引导人们的性情，这就是至德之君的治国之道。

由此观之，等贵贱均贫富，损有余补不足，是中国延绵千年传承下来的平等思想。每个国家的发展都有其特定的历史规律，其政治、经济、文化的建设，必须既有传承，又有创新，才能在符合本国国情的基础上，持续稳定地发展繁荣。当今中国实施的包括精准扶贫、鼓励慈善、扶持养老和志愿者服务等一系列政治措施，正是汲取了中国历史上宝贵的政治智慧，并在此基础上根据当前的社会需求进行完善而提出的。本书所选内容，既包含人格平等的历史依据和大公无私的天道精神，又包含对实现公正、平等、富民、恤民等的政策解读，读者可以从中领会到中国传统政治智慧的魅力。

第一章
等贵贱

　　等贵贱思想贯穿在中国传统治国理政的方针中，尤其体现在两个重要方面。一是在法治方面，要严格遵循法律，确保法律面前人人平等。执法者不可避权威，亦不可徇私情。二是在人才选拔方面，要不论出身贵贱，公正地选拔和任用人才。此外，在"法治观"中还探讨了传统制度中"刑不上大夫，礼不下庶人"所蕴含的等贵贱的深意。

法治观：法律面前，人人平等

一、法不容私，不避权贵

历史记载

隋文帝子秦王俊为并州总管，以奢纵免官。仆射杨素①奏言："王，陛下爱子，请舍其过。"文帝曰："法不可违。若如公意，我是五儿之父，非兆人②之父，何不别制天子儿律乎？我安能亏法！"卒不许。

——《旧唐书·列传第五十》

上过颍阳，祭遵③以县吏数进见，上爱其容仪，署为门下吏。

祭遵从征河北，为军市令④。舍中儿犯法，遵格杀之。上怒，命收遵。时主簿陈副谏曰："明公常欲众军整

①杨素：当时的宰相。
②兆人：与兆民同，古称天子之民，后泛指众民、百姓。
③祭遵：汉光武帝时的一个官员。
④军市令：官名，掌军市交易收税等。

齐，今遵奉法不避，是教令行也。"上乃贷^①之，以为刺
奸将军。语诸将曰："当备祭遵，吾舍中儿犯令尚杀之，
必不私诸卿也。"

——《东观汉记·祭遵》

以上两段记载分别是关于隋文帝坚决执法、不徇私情
和汉朝的官员祭遵不惧权威、公正执法的故事。

隋文帝杨坚是隋朝的开国皇帝，他主张执法严明、法
不阿贵，不允许法律偏袒任何人。隋文帝的第三个儿子杨
俊被隋文帝封为秦王，做并州的总管。但是他上任之后，
却依仗自己的权势奢侈骄纵。隋文帝知道后，就派人去调
查，发现杨俊目无法纪、知法犯法，于是撤销了杨俊的官

隋文帝

隋文帝杨坚（541年—604年），隋朝开国皇
帝，在位24年。在位期间，在政治、经济等方面进
行了一系列改革，政绩卓著。对周边各族采取了军
事上的防御和政治上的招抚政策，有效处理了民族
矛盾，被北方少数民族尊称为"圣人可汗"。

①贷：赦免，宽恕。

职，不允许他参与政事。当时的宰相杨素知道这件事后，就为杨俊求情。但是隋文帝告诉杨素，任何人都不可以违犯法律，他自己身为皇帝，不仅仅是杨俊一个人的父亲，还是天下人的父亲。如果皇帝的儿子触犯了法律就可以免于惩罚，那么法律的尊严何在呢？因此，隋文帝最终也没有赦免自己的儿子。

平等是法律的基本属性。法律面前人人平等，是对法律威严的捍卫。隋文帝杨坚并没有因为违法的是自己的儿子而免予惩罚，而是坚定地执行了惩戒，不仅捍卫了法律的权威性，也为世人树立了遵法守法、法不容私的榜样。

历史上还记载了一个祭遵秉公执法的故事。祭遵曾经跟随汉光武帝出征黄河以北，被任命为军市令。在光武帝的族中，有个小儿犯了法，祭遵就严格依照法律把他处死了。光武帝知道这件事后，非常生气，命人把祭遵收监。当时的主簿陈副向光武帝进谏，他说，皇帝您常常强调军

祭遵

祭遵，字弟孙，谥成侯。他出身富裕之家，但为人恭谨俭朴，自幼喜爱读书。祭遵曾为县吏，后投奔刘秀，协助刘秀建立东汉。他以执法如山、克己奉公、谨慎廉洁著称。

纪严明，现在祭遵奉法不避权贵，正是为了使军令严明、使法令得到实施啊，您怎么能把他监禁起来呢？光武帝听了这番谏言，认为说得很有道理，于是就赦免了祭遵，并且还任命他为刺奸将军。经过这件事以后，光武帝还经常告诫将领们要小心祭遵，他说祭遵对皇帝家族中的一个犯法的小儿都不留情面，那他一定也不会对其他犯错的将领有所偏袒。之后光武帝也一直重用祭遵，在平定了黄河以北之后，又把祭遵拜为征虏将军。

祭遵执法，不避权贵，维护了法律不可撼动的地位。如果有权有势者被允许逃避法律的制裁，那么人们就会轻视法律而趋附于有权有势之人。如此一来，祸乱之事就会屡禁不止，而人们也会去追求权力和地位，而非追求道德和正义，国家也必定会陷入动荡。

法律的公正性，就体现在它不为任何人的意志所动摇。

《文子》

《文子》，即《通玄真经》，被道家奉为"四子"真经之一。《文子》解说老子思想，继承并发展了"道"的学说，同时又吸收了同期其他学派的某些思想，进一步完善了老子的学说，在中国古代哲学史上占有重要地位。

在道家经典《文子》中记载：公布法令，就是要惩罚违法之人。法律确定之后，符合法规的就给予鼓励，违反法规的就给予处罚。即使是尊贵的人守法，也不减少对他们的赏赐；卑贱的人犯法，也不加重对他们的处罚。违反法律者，虽是贤才也要被处罚；遵守法律者，就算是无能之辈也不会被处罚。于是公道就能推行，个人的欲望就能受到遏制。没有人恣意妄为，于是道德就胜利了，公理就得到伸张了。

法治政府的核心内涵是依法行政，确保权力行使符合规范。任何组织或个人都必须尊重宪法和法律权威，都必须在宪法和法律范围内活动，都必须依照宪法和法律行使权力或权利、履行职责或义务，都不得有超越宪法和法律的特权。任何人违反宪法和法律都要受到追究，绝不允许任何人以任何借口任何形式以言代法、以权压法、徇私枉法。

维护法律的权威性是每一个执法之人义不容辞的责任和义务。时至今日，中国政府一直在为维护法律的尊严积极地进行司法改革。在党的十八届四中全会决定中明确提出：各级党政机关和领导干部要支持法院、检察院依法独立公正行使职权。建立领导干部干预司法活动、插手具体案件处理的记录、通报和责任追究制度。坚持法律面前人人平等，鲜明地体现了中国特色社会主义法治公平正义的本质特征。

二、释之断案，视同一律

历史记载

　　张释之字季，南阳人也。以资为郎，事文帝①。……上行出中渭桥，有一人从桥下走，乘舆马惊，于是使骑捕属廷尉②。释之奏当："此人犯跸③，当罚金。"上怒曰："此人亲惊吾马，马赖和柔，令他马固不败伤我乎？而廷尉乃当之罚金！"释之曰："法者，天子所与天下公共也。今法如是，更重之，是法不信于民也。……今已下廷尉，廷尉天下之平也，壹倾，天下用法皆为之轻重，民安所措其手足？唯陛下察之。"良久曰："廷尉当是也。"

　　其后人有盗高庙坐前玉环，得，文帝怒，下廷尉治，奏当弃市。上大怒曰："人无道，乃盗先帝器，吾属廷尉者，欲致之族，而君以法奏之，非吾所以共承宗庙意也。"释之曰："法如是足矣。且罪等，然以逆顺为基。

①文帝：即汉文帝刘恒。
②廷尉：官名，掌管刑狱。
③跸：音bì。指古代帝王出行时清道，禁止行人来往。

今盗宗庙器而族之，假令愚民取长陵一抔土，陛下且何以加其法乎？"乃许廷尉当。

——《群书治要·汉书五·传》

以上文献记载了西汉大臣张释之严格遵循法律、公正执法的两则故事。

张释之在汉文帝三年（公元前177年）时升任廷尉，成为协助皇帝处理司法事务的最高审判官。有一次，他随文帝出行，经过中渭桥的时候，有一个人突然从桥下

张释之

张释之，西汉大臣，以执法公正不阿而闻名。他由于执法严明，对文景之治的实现有重要的贡献。

汉文帝

汉文帝刘恒（前203年—前157年），西汉第5位皇帝，为人宽容平和，仁厚低调。即位之后，文帝励精图治，兴修水利，厉行朴素，废除肉刑，实现了国家强盛安乐，百姓富裕小康，开启了"文景之治"的发端。

跑出来，惊到了给皇上驾车的马，于是文帝令骑士把那个人抓起来交廷尉惩办。张释之把对此事的处理意见上奏给文帝，说："这人冲犯了皇上的车驾，应判处罚金。"文帝生气地说："这个人惊了我的马，幸亏我的马性情温和，否则我不就被摔伤了吗？可廷尉却仅判处他罚金！"张释之说："法律，是天子与天下人所应共同遵守的。我是严格依照法律判罚的，如果加重处罚，法律就不能取信于民了。我作为廷尉，是公平执法的象征，一旦有偏差，天下执法者在执行法律时都会受到影响，那老百姓将如何行事才好呢？希望陛下明察。"文帝听了张释之的话，认为他说的有道理，于是便同意依照法律给予那个人公正的判决。

此后，有人偷了祭祀汉高祖的庙内神座前的玉环。文帝非常生气，将抓到的犯人交给廷尉治罪。张释之奏请判处死刑。文帝很生气，认为此人盗取先帝庙中的器物，

汉高祖

汉高祖刘邦（前256年—前195年），字季，沛郡丰邑（今江苏丰县）人。汉朝开国皇帝，汉民族和汉文化的伟大开拓者之一，对汉族的发展以及中国的统一有突出贡献。

灭族

灭族，古代的一种酷刑。一人犯死罪
而牵连其父母妻子等整个家族被杀。

应予以灭族的惩罚。而张释之却说："按照法律，应当判
处犯人死刑。斩首与灭族同是死罪，我这样判是以情节轻
重为依据的。如果今天这个犯人被判处了灭族的惩罚，那
么以后假使有人犯更严重的罪行，又该施加怎样的惩罚
呢？"文帝听了之后，认为张释之说的有道理，于是认可
了他的判处。

法律是天下人的准则，是裁决事务的尺度。法律作
为"天下之平"，常常被古人比喻成尺、寸这些长度单
位，法律和这些长度单位一样，是用来度量的。用尺寸
去量长短，量多少次也不会有偏差。所以尺寸的计量，
即使是面对富裕显贵、人多势盛之人，也不会为他而增
长一分；即使是面对卑微屈辱、贫穷下贱之人，也不会
为他减损一分。因此有了尺寸的计量，就不会有长短上
的差错，执法之人要像尺寸一样公平而无所偏私，也就
不会有法律裁决上的差错。法律的公正，就在于不能因
为被施予者身份的贵贱而随意判决，而是要在同等审慎
的调查之后依法行事。

三、以身正典，不枉王法

历史记载

李离者，晋文公之理^①也。过听杀人，自拘当^②死。文公曰："官有贵贱，罚有轻重。下吏有过，非子之罪也。"李离曰："臣居官为长，不与吏让位；受禄为多，不与下分利。今过听杀人，傅其罪下吏，非所闻也。"辞不受令。文公曰："子则自以为有罪，寡人亦有罪邪？"李离曰："理有法，失刑则刑，失死则死。公以臣能听微决疑，故使为理。今过听杀人，罪当死。"遂不受令，伏剑而死。

——《史记·循吏列传》

这段文献记载了春秋时期的法官李离因过失执法，而自判死刑的故事。

李离是晋文公手下的法官，他误听手下人的证词而错

---

①理：治理狱讼的官。
②当：判罪。

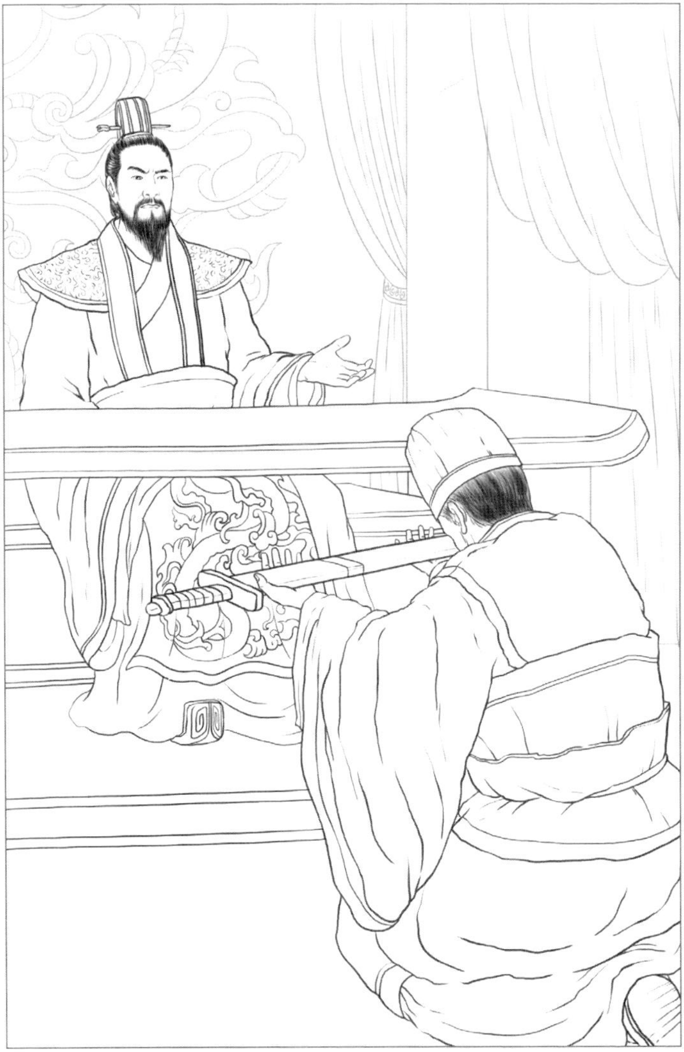

杀了人，按照当时的法律应当被处以死刑。于是李离就把自己拘禁起来，打算以死谢罪。晋文公不忍心处死他，对他说："官有贵贱，罚有轻重。下面的办事人员有过失，这不是你的罪行。"但是李离却说："我的官位很高，没有让位于下属；接受的俸禄很多，也没有与下属分利。现在我误听了证词而杀了人，却要怪罪下属，这是没有道理的。"于是他就推辞了晋文公的赦免令，并且对晋文公说："我身为法官，不能知法违法。法官也和平民百姓一样，都要受到法律的约束，判刑失误就要受刑，判死罪失误就要以死谢罪。"于是李离最终也没有逃避法律的制裁，以死谢罪。

"法"字自造字之时，就是公平的象征。在隶变之前，"法"写作"灋"，《说文解字》解释为"刑也，平

晋文公

晋文公（前697年—前628年），春秋时期晋国的第22任君主。在位期间，实行通商宽农、明贤良、赏功劳等政策。其文治武功卓著，开创了晋国长达百年的霸业，是春秋五霸中第2位霸主。

隶变

隶变，汉字发展史上最重要的里程碑，它标志着古汉字开始向现代汉字演变。通过隶变，汉字由小篆变成了隶书。隶变是古今汉字的分水岭，隶变后的汉字，与现在的汉字相似。

之如水，廌（zhì）所以触不直者"。"灋"由三部分构成，以"水"为部首，"廌"和"去"是其偏旁。在静止状态下，无论何种容器中的水都是平的，因而古人以水代表公平无私。"廌"和"去"的部分蕴含着一个小故事。汉代学者杨孚在其专著《异物志》中说："獬豸能辨别是非曲直，能识善恶忠奸，见到世间有人不遵纪守法，胡作非为，他会用犀利之角触那个不正直的人；听到有人相争，它会用嘴咬不讲理的一方。""廌"是一种神兽，它形似麒麟，大者如牛，小者如羊，头上长着一只尖尖的角，因而又被称作"独角兽"。相传黄帝、被奉为"中国司法鼻祖"的皋陶和齐庄公都曾用这一能明辨是非曲直的神兽来决断疑狱。段玉裁解释说："法之正人，如廌之去恶也。"所以法律的存在就是为了扬善者之心，惩恶者之行，坚定不移地去除一切恶。一个人只要犯法，无论高低贵贱，都必须受到惩罚，律法的公正威严是不容任何人挑战的。

因而，秉公执法之人，同样要以法律约束自己，职位越高，所负的责任也就越大，也就越应该为众人树立遵法守法的标杆。中国人自古明白这样一个道理：无不平之法、无法外之人、无法上之权。不论地位多高，官位多大，都不能因为自己的权势而跃居法律之上。上位者以身作则维护法律的权威，能够为社会大众做表率，推动法律的畅行无碍。

当今社会，想要推进全民守法，也必须从领导干部做起。在2015年2月2日省部级主要领导干部学习贯彻十八届四中全会精神全面推进依法治国专题研讨班的开班式上，习近平总书记强调："各级领导干部在推进依法治国方面肩负着重要责任，全面依法治国必须抓住领导干部这个'关键少数'。"要求各级领导干部要带头依法办事，带头遵守法律，始终对宪法法律怀有敬畏之心，牢固确立法律红线不能触碰、法律底线不能逾越的观念。习近平总书记提出："一个人纵然有天大的本事，如果没有很强的法治意识，不守规矩，也不能当领导干部，这个关首先要把住。"

在2016年年底出台的《党政主要负责人履行推进法治建设第一责任人职责规定》中，要求县级以上地方党委和政府主要负责人是推进法治建设第一责任人，并将履职情况纳入政绩考核指标体系，对不履行或不正确履行的干部严格问责。

"法之不行，自上犯之"，在中国传统的法制观念中，领导干部在遵守法律面前不仅没有例外，而且标准更高，要求更严。党中央的行动就是最好的榜样，就是最强的动员令，有力地推动了各级领导干部遵法学法守法用法。领导干部对法治的态度，影响和决定着社会大众对法治的态度。领导干部只有身先士卒，以身作则，以上率下，才能带动社会遵法和守法。

四、理出同源，因人制宜

历史记载

冉有问于孔子曰："先王制法，使刑不上于大夫，礼不下于庶人。然则大夫之犯罪，不可以加刑，庶人之行事，不可以治礼乎？"孔子曰："不然。凡治君子，以礼义御其心，所以厉之以廉耻之节也。故古之大夫，其有坐不廉污秽而退放之者，则曰簠簋不饰①；有坐淫乱男女无别者，则曰帷薄不修②；有坐罔上不忠者，则曰臣节未著③；有坐疲软不胜任者，则曰下官不职④；有坐干国之纪者，则曰行事不请⑤。此五者，大夫既自定有罪名矣，而犹不忍斥，然正以呼之也。既而为之讳，所以愧耻之。

---

①簠簋（fǔ guǐ）不饰：簠簋，古代的食器、祭器；不饰，不整齐。簠簋不饰指为官不清正廉洁。

②帷薄不修：帷薄，帐幔和帘子，古代用以隔障内外。修，整饬。帷薄不修致使内外杂沓，男女不分，是家门淫乱的讳语。

③臣节未著：臣子没有高尚的节操。

④下官不职：下属不称职。

⑤行事不请：做事不向上请示，擅自行动。

是故大夫之罪，其在五刑之域者，谴发，则白冠氂缨[1]，盘水加剑[2]，造于阙而自请罪，君不使有司执缚牵掣而加之也。其有大罪者，闻命则北面再拜，跪而自裁，君不使人捽引而刑杀之也，曰：子大夫自取之耳。吾遇子有礼矣。是以刑不上大夫，而大夫亦不失其罪者，教使然也。凡所谓礼不下庶人者，以庶人遽其事而不能充礼，故不责之以备礼也。"

——《群书治要·孔子家语》

以上节选记载了孔子与弟子冉有的一段对话，对话中孔子为人们解释了"刑不上大夫，礼不下庶人"这句话的真实含义。中国自古有"刑不上大夫，礼不下庶人"的说法。这一说法长久以来受到人们的误解，人们将其理解为当士大夫或官员触犯法律时，可以逃脱刑罚，因此认为这是封建社会统治阶级的特权，是阶级不

---

[1] 白冠氂缨：古代大臣犯罪时，戴上用毛作帽带的白色帽子，以示自请罪谴。

[2] 盘水加剑：古代大臣请罪时将盘子盛水，上置剑，表示若有罪，愿受公正的制裁，自刎而死。

冉有

冉有（前522年—前489年），名求，字子有，春秋末期鲁国人。孔子门徒，孔门七十二贤之一，受儒教祭祀。以政事见称，尤擅长理财。

平等的产物。在这段记载中冉有对此制度也存有疑惑，于是便向老师孔子请教。

冉有请教孔子说："先王制定法律制度，不用刑罚惩治大夫，不用礼来要求平民百姓。那么大夫犯法，就可以不受刑罚制裁，而百姓做事也可以不用礼来约束了吗？"孔子回答说："不是这样的。治理君子，是要用礼来约束他们的思想，用廉洁知耻的节操来勉励他们。因此，古代的大夫如果有犯贪污受贿罪而被罢免流放的，不直接称之为贪污，而称其'簠簋不饰'；有犯淫乱、男女不别罪的，不说他们淫乱，而称其'帷薄不修'；有犯欺骗君主、不忠诚罪的，不说他们欺骗君上，而称其'臣节未著'；有犯软弱无能、不胜任工作罪的，不说他们不称职，而称其'下官不职'；有犯违反国家纲纪罪的，不说他们违反国家纲纪，而说'行事不请'。这五种情况，是对大夫已经定有罪名，但还不忍心在斥退他们时直接称呼

这些罪名。犯了错，还要为他们避讳罪名，是为了使他们感到羞愧和耻辱。如果大夫犯了这五种刑罚，一旦受到谴责或揭发，不用君王派执法人员前去捆绑捉拿，他就能够主动戴上用兽毛做缨的白帽子，端着盛水的盘子，上面放一把剑，前往宫廷自行请罪。如果犯有大罪，在听到死罪的君命后，他们会就地向北方拜两拜，然后跪地自杀。君王也不需要派人押送、斩杀他，只是说：'这是大夫您咎由自取，我对您已经有礼了。'所以即使对大夫不施行刑罚，大夫犯罪也不会逃避应有的惩罚，这是教化的力量使然。至于说礼仪不实行于平民，是因为百姓忙于生计而无暇在形式上很好地遵行礼仪，所以不必苛求他们像贵族一样完备地按礼仪行事。"

孔子将这一制度的内在含义做了深刻的阐述。由于古代的教育水平有限，不能做到人人都接受教育，因而认知水平参差不齐。大夫及其以上的阶层受教育程度高，"孝悌忠信、礼义廉耻"的思想早已刻画在其内心，因而在他们犯错误后，只是隐晦地称呼他们所犯之罪，就足以使他们感受到耻辱，认识到自己的错误，不用等到有关机构问责，自己就能主动请罪。另一方面，中国的礼仪纷繁复杂，包罗万象，普通百姓每日都

一平二调

"一平二调"是"平均主义"和"无偿调拨"的简称。"一平"指在人民公社内部把贫富拉平，搞平均分配；"二调"指对生产队的生产资料、劳动力、产品及其他财产无代价地上调。"一平二调"在个人消费品的分配上实行绝对平均主义，挫伤了人民群众的生产积极性，破坏了集体所有制的巩固和发展。

在为生计而忙碌奔波，因而不能苛责他们完备地履行各种礼仪。古人根据不同阶层的特点，制定了相应的具体政策，从表象上看是对贵族和平民有所分别，实则这种"有等"的政策恰恰维护了真正的平等。

有些人将"平等"错误地理解为"平均"，其实二者有本质的不同。就好比我们种花和种树，若是给二者浇水的量"平均"，就会产生副作用。如果用浇树的水量去浇花，花必定会因水量过大而涝死；反之，用浇花的水量浇树，树也会旱死。"平等"则是根据其需水量不同而进行浇灌，使树木和花草都能健康地成长。

在我国历史上，出现过多次对"平均主义"的探索，最终都以失败告终。新中国成立后，为探索社会主义道路建设，我国进行了"人民公社化"运动。在人民公社化运动的初期，国家实行了"一平二调"的政策，其中"一平"就是指"平均主义"，其本意是为了拉平贫富差距，但却因为忽视了现实，故而在执行过程中出现了诸多问题。人们受教育程度不同，素质不等，导致在这种制度下，出现了消极怠工行为。其次，高度的计划形式和极"左"的分配制度造成人们缺乏劳动热情。人们的收入与劳动的数量和质量联系不紧密，使得生产效率极低，当时的广大农民仍备受温饱问题困扰。"平均主义"并未解决问题，人民公社化运动以失败告终。

"平等"不是要实现绝对的"平均"。阶级社会的平等，同样不是直接的自然平等和利益平等，而是要根据现实情况，因地制宜、因人制宜。

人才观：不论出身，德能为尊

一、野无遗贤，能者居之

历史记载

昔者舜耕于历山，陶于河濒，渔于雷泽，灰于常阳。尧得之服泽之阳，立为天子，使接天下之政，而治天下之民。昔伊尹为莘氏女师仆，使为庖人，汤得而举之，立为三公，使接天下之政，治天下之民。昔者傅说居北海之洲，圜土之上，衣褐带索，庸筑于傅岩之城，武丁得而举之，立为三公，使之接天下之政，而治天下之民。是故昔者尧之举舜也，汤之举伊尹也，武丁之举傅说也，岂以为骨肉之亲，无故富贵，面目美好者哉？惟法其言，用其谋，行其道，上可而利天，中可而利鬼，下可而利人，是故推而上之。

——《墨子·尚贤下》

这段记载讲述的是中国古代三位圣贤——舜、伊尹、傅说的故事，他们都出身贫贱，却因德能而被重用。

舜

舜（约前2187年—约前2067年），轩
辕黄帝八世孙。姚姓，妫氏，名重华，字
都君，山东濮州姚墟（今山东省鄄城县）
人。中华民族共同始祖之一，父系氏族社
会后期东夷部落首领，"三皇五帝"之
一，以孝著称。

上古时期的舜在成为帝王之前，曾经做过耕田的农
夫、制造陶器的陶匠，还做过捕鱼的渔夫，和烧制石灰的
工人。舜的出身极为平凡，他的父亲是一位盲人，并且非
常愚昧。舜的母亲去世后，父亲娶了一位顽固的后母，生
下一个弟弟。后母和弟弟总是想杀害舜，但是舜却不与之
计较，始终能尽孝悌之道。当时的尧帝听说了舜的事，便
想要考察他的德行，于是把自己的两个女儿嫁给了舜，以
便观察舜的德行。尧帝发现，在舜的影响下，两个女儿的
德行也有了提升。于是尧帝便让舜逐渐接管政事，最后把
帝位禅让给了他，让他来治理天下。舜以仁政治理天下，
爱民如子，视民如伤，将天下治理得井井有条。当舜考虑
接班人的时候，认为自己的儿子商均的德能不足以治理天
下，于是又把帝位禅让给了为国家治理水患、建立了卓越

伊尹

伊尹（前1649年—前1550年），姒姓，伊氏，名挚，生于有莘国（今河南省杞县，一说山东省曹县，一说河南洛阳。）因其母居伊水之上，故以伊为氏。夏末商初政治家、思想家，商朝开国元勋。

傅说

傅说（约前1335年—前1246年），殷商时期卓越的政治家、军事家，辅佐殷商高宗武丁安邦治国，形成了历史上有名的"武丁中兴"的辉煌盛世，被尊称为"圣人"。

功勋的大禹。

中国古代圣王选拔接班人，并不会通过出身来评判，而是要考察这个人的德行和能力。一个有能力而且贤德的人，不论出身贵贱都能得到重用。

君主选拔辅佐自己的官员，也是遵循德才兼备的标准，而不是看这个人是不是出身尊贵。比如商朝的开国元勋伊尹，他从前在有莘国时曾经做过厨师，商汤发现了他的德能，举用了他，立他为三公，让他接管政事，于是出现了社会繁荣、政治清明的局面。他辅佐商汤打败夏桀，为商朝的建立立下了不朽功勋。再比如商朝卓越的政治家、军事家傅说，他在从政之前身份非常低贱，曾经住在北海之洲的牢狱之中，穿着粗布衣，围着绳索，像奴隶一样在傅岩筑城。然而商王武丁发现并重用了他，立他为三公，令他接管天下的政事，于是造就了"武丁中兴"的辉煌盛世。

舜、伊尹、傅说三人的出身都很贫贱，然而却能被举用来治理国家。由此看来，尧帝举用舜，商汤举用伊尹，武丁举用傅说，与他们的出身贵贱无关，而是由于他们德才兼备，所以才选用他们来治理国家。

中国人自古相信人的本性是平等的，可以通过学习，完善自我，从而达到圣人的境界。孔子相信"性相近，习相远也"，孟子同样认为"人皆可以为尧舜"。孔子是第一位打破了学在官府的垄断局面、把教育推及平民的人。他兴办私塾，提倡有教无类、教学平等。"藏道于民"是孔子一生最大的贡献，就是将道推行至一般的平民之中，让更多的人能受到教育，拥有智慧，完成自我提升，使人能更接近本性，接近于道，而道可以通过"德"来实现。

《傅子》中有一句话："爵非德不授。"爵指领导的位置，这句话的意思是，没有德行的人就不能授予他领导的职位。这样就会引导人们去培养自己的德行。一个人

《傅子》

《傅子》，西晋傅玄著，是一部较为完备的政论和史论著作。傅玄出身于官宦之家，是傅燮之孙、傅干之子。幼年时随父逃难，专心读书。后显达富贵，仍著书不废，撰述著作评论治国得失。

有德行、有才干，即使身份低贱，也能够获得出仕做官的机会。这样公平的制度设计，不仅给了底层人才上升的渠道，更为国家广泛地选取了有用之人，为国家的繁荣昌盛奠定了基础。

历史也曾经验证了，如果举拔看重出身，而不能保证客观公正，就必然会导致社会的分裂和动荡。比如魏晋南北朝时期（220年—589年）选拔人才采用九品中正制，就是以出身取人。结果底层精英因为缺乏上升的制度性通道，于是铤而走险，走入了反朝廷的境地，导致了社会的动荡、政权的瓦解，这项制度也很快就被废除了。

"英雄不问出处"。当今社会，面对高端人才的缺乏，习近平总书记直言不讳，要求不管是哪个国家、哪个地区的，只要是优秀人才，都可以为我所用。虽然时代在变化，但选人用人"德才兼备"的大方向不能改

变。当然，德才的具体要求会随着不同的历史时期有所
侧重。习近平总书记精炼概括新形势下好干部的标准是
信念坚定、为民服务、勤政务实、敢于担当、清正廉
洁，并对每个标准都提出了具体要求，为新形势下党的
干部工作指明了方向。新形势下好干部标准的提出深化
了德才兼备的时代内涵。

二、礼贤下士，不拘一格

历史记载

　　齐桓公见小臣稷，一日三至不得见也，从者曰："万乘之主^①，见布衣之士，一日三至而不得见，亦可以止矣。"桓公曰："不然，士之傲爵禄者，固轻其主；其主傲霸王者，亦轻其士。纵夫子傲爵禄，吾庸敢傲霸王乎？"五往而后得见，天下闻之，皆曰："桓公犹下布衣之士，而况国君乎？"于是相率而朝，靡有不至。桓公所以九合诸侯，一匡天下者，遇士于是也。《诗》云："有觉德行，四国顺之。"桓公其以之矣。

　　魏文侯过段干木之闾而轼^②，其仆曰："君何为轼？"曰："此非段干木之闾乎？段干木盖贤者也，吾安敢不轼？且吾闻段干木未尝肯以己易寡人也，吾安敢高之？段干木光乎德，寡人光乎地；段干木富乎义，寡人富乎财。地不如德，财不如义。寡人当事之者也。"遂致禄

---

①万乘之主：指大国的国君。乘，四匹马拉的车。
②轼：古代马车上前方的横木。此作动词，指扶轼致敬。

百万，而时往问之，国人皆喜，相与诵之曰："吾君好正，段干木之敬；吾思好忠，段干木之隆。"

——《新序·杂事五》

　　这是《新序》中记载的两个身居高位的国君为求得贤才而礼贤下士的故事。

　　齐桓公去拜访一位名字叫稷的小臣，一天当中去了3次，都没有见到稷。随从的人员说："您是拥有万乘兵车的大国国君，去见一个平民百姓，一天去了3次都没见到，就算了吧。"齐桓公听了却说："不是这样的。真正有德才的士人，他们轻视官爵和俸禄，自然也就会轻视国君；但我作为国君是想要成就霸业，如果我轻视这些德才兼备的士人，就是轻视成就霸业之道。现在他可以轻视官爵和俸禄，可我怎么敢轻视成就霸业之道呢？"齐桓公丝毫没有因为自己地位尊贵而轻视低贱的小臣稷，而是继续

齐桓公

　　齐桓公（？—前643年），姜姓齐国第16位国君，春秋五霸之首。

魏文侯

魏文侯（前472年—前396年），战国时期魏国的开国君主，是魏国百年霸业的开创者。

虚心去拜访他。直到第5次拜访，他才见到小臣稷。天下的诸侯听到这件事，都说："齐桓公对平民百姓都能屈身去见，何况对国君呢？"因此，天下诸侯都相继朝见齐桓公，齐桓公最终也成就了霸业。

另一个故事是魏国国君魏文侯礼敬布衣段干木的故事。魏文侯每次路过段干木所居住的巷子口时，都会站起身来，扶着车前的横木，向段干木所居住的巷子方向行礼。他的仆人很不理解，问他作为一国之君，为什么要向居住在这样简陋的巷子里的段干木行礼呢？魏文侯说："段干木是一个贤德的人，我怎么敢不对他致敬呢？段干木是因为有德行而荣光，我不过是因为土地广阔而荣光。段干木拥有的是道义，而我拥有的是财富。土地不如德行，财富不如道义，所以我理应重用这个人。"后来他拿出了百万的俸禄聘用段干木，经常向段干木请教治国之方。

　　这两个故事中的国君，都没有因为自己身份高贵而目中无人，而是格外谦虚地向地位低贱的贤德之人请教治国之方。可见在中国古人眼中，一个贤德的人，能够帮助国君治理好国家，为万民带来福祉。这样的人，即使地位远没有君主那样高贵，依然值得一国的国君去尊重、礼请和重用。

　　中国有很多贤德的读书人，他们不贪求名利，因此也往往清高，即使过苦日子，也不愿意委曲求全，阿谀奉承。所以有志于成就伟业的国君，就会放下尊贵的身份，谦虚地请求这些贤德之士出来做官，辅佐自己治理好国家。

　　一国领导者深知国家和人民最需要的是德能兼备的人才，所以能够用谦虚的态度，挖掘出更多的人才。人民之中往往不乏贤德之士。习近平总书记强调，党组织不仅要把好干部及时发现出来、合理使用起来，还要注重健全民主制度、丰富民主形式，从各层次各领域扩大公民有序参与政治。只有领导者能够重视民众、尊重民众，才能充分发挥人民的聪明和智慧。

三、贵者不骄，求贤若渴

历史记载

昔成王封周公，周公辞不受，乃封周公子伯禽于鲁。将辞去，周公戒之曰："去矣，子其无以鲁国骄士矣！我，文王之子也，武王之弟也，今王之叔父也，又相天子，吾于天下亦不轻矣。然尝一沐而三握发，一食而三吐哺，犹恐失天下之士。"

——《说苑·敬慎》

魏文侯从中山奔命安邑，田子方后。太子击遇之，下车而趋，子方坐乘如故，告太子曰："为我请君，待我朝歌。"太子不悦，谓子方曰："不识贫穷者骄人乎，富贵者骄人乎。"子方曰："贫贱者骄人，富贵者安敢骄人？人主骄人，而亡其国；大夫骄人，而亡其家；贫穷者若不得意，纳履而去，安往而不得贫穷乎？"太子及文侯，道子方之语。文侯叹曰："微吾子之故，吾安得闻贤人之言，吾下子方以仁，得而友之。自吾友子方也，君臣益亲，百姓益附，吾是以得友士之功。我欲伐中山，吾以武下乐羊。三年而中山为献于我，我是以得友武之功。吾所以不少进于此者，吾未见以智骄我者也。若得以智骄我者，岂不及古之人乎？"

——《群书治要·说苑·尊贤》

　　上面两段记载分别讲述了周公和魏文侯虽然自身尊贵，却都恭敬地对待比他们地位低贱的贤能之人的故事。

　　周朝时期的圣人周公对所有人一视同仁，从不因为自己地位高贵而骄慢。成王即位之后，把鲁地封给周公。周公因为要辅佐成王治理朝政，所以没有接受。成王于是让周公的儿子伯禽代替周公到鲁国受封。伯禽临走之前，周公告诫他说："我是文王的儿子，武王的弟弟，成王的叔父，我的地位算很高了。但我为了见贤德之人，洗一次头发中间要3次停下来，握起没擦干的头发；吃一顿饭也要3次停下来，起

周公

　　周公，商末周初的儒学奠基人，周文王的儿子，周武王的弟弟，周成王的叔父。曾辅武王灭商。武王去世，年幼的成王即位，周公于是摄政，平定叛乱，并且制礼作乐，使天下臻于大治。

身接待贤士。即便如此，我依然害怕失掉天下的贤人。你到
鲁国之后，千万不要因为自己拥有诸侯国土而骄慢待人。"

　　另一位求贤若渴的典范是战国时期魏国的开国君主魏文
侯。魏文侯是一位非常惜才的君主。他的友人田子方是一位
非常有仁德之心的人，为人正直，不喜欢谄媚、迎合权贵，
道德和学问都闻名于诸侯。有一次，魏文侯从中山国急奔安
邑。田子方坐着车跟随在队伍后面，途中与魏文侯的儿子太
子击相遇。太子下车快步走上前去。但田子方还是端坐在车
上一动不动，并且告诉太子说："你替我转告君主，让他在
朝歌等着我。"太子看到他这种态度，很不高兴，于是故意
装作不解地问田子方："老师，不知道是贫穷的人待人骄
慢，还是富贵的人待人骄慢？"田子方回答说："当然是贫
穷的人待人骄慢了，富贵的人怎么敢待人骄慢呢？如果是一
个君主，他待人骄慢就会导致亡国；如果大夫对人骄慢，就
会丧失地位；而如果贫穷的人骄慢，他不过是仍然保持贫穷
罢了，对他而言没有什么区别，也没有什么损失。"

　　太子赶上魏文侯后，便将田子方与他的对话转告给
了魏文侯。魏文侯听了之后感叹说："幸亏吾儿，我才能
够听到圣贤人的这一番话啊！因为我在仁德方面比不上子
方，所以对他很礼敬，和他成为朋友。自从我和子方成为

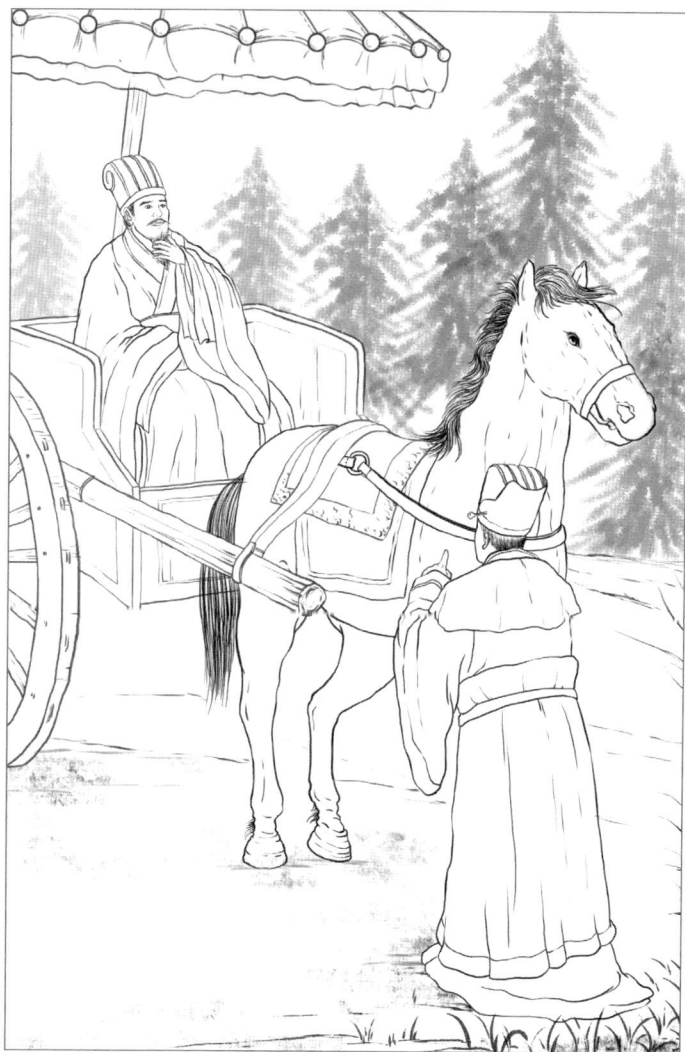

朋友之后，君臣之间的关系愈加亲密，百姓愈加归附，这就是和有贤德之心的人做朋友产生的良好效果。之前我想攻打中山国的时候，因为我在用兵作战方面比不上乐羊，所以我对他非常礼敬，结果乐羊只用了三年的时间，就把中山国打下来献给我，那是我和武士交友的功效。如今我之所以不能够再有进步，就是因为没有遇到在智慧方面超越我的人。如果我得到智慧超过我的人，那我的功绩怎么能够比不上古代的圣贤呢？"

田子方对太子这样傲慢，魏文侯不仅没有指责，反而还教导太子，要用仁爱之心去结交有德的人士。田子方只是一个士人，而魏文侯是一国的君主，但魏文侯并没有因为田子方身份低下而有半点骄傲，反而非常恭敬地向他学习，并且拜他为老师。从魏文侯对待田子方的态度，我们了解到，其实魏文侯最终能够称霸天下，绝对不是偶然。他确实是做到了对仁人贤士非常礼遇，不论对方身份的高低，他都能谦虚地向他们请教治理国家的方法。

正是因为上位者能够放低自己的身份，充分尊重地位低下的贤才，所以天下有德能的人，不论贫富贵贱，都会因为知道自己能够得到君主的重用，而愿意归附于君主，为国家的治理贡献自己的力量。当一个国家能够吸引并且重用有德行又有才能的人，那么这个国家也必然会逐渐昌盛起来。

唐太宗曾经说，治理国家最重要的就是要得到有贤德之才的人。唐太宗之所以能在较短时间内使唐朝呈现国富民安的景象，成就著名的"贞观之治"，也与他的礼贤下士、用人不拘一格有不可分割的关系。唐朝时期的政坛，平民出身的官员逐渐成为中坚力量，科举考试让很多没有背景的平民百姓拥有上升的机会，通过选拔而成为国家的栋梁之材。据统计，到了武则天统治时，科举出身的10位宰相中有6位来自下层官吏或平民家庭。

"济济多士，文王以宁"出自《诗经·大雅·文王》，说的是周文工尊贤礼士，所以国家贤才济济，国势

《诗经》

《诗经》，中国古代最早的一部诗歌总集，收集了自西周初年至春秋中叶（前11世纪至前6世纪）的诗歌，共311篇，反映了周初至周晚期约500年间的社会面貌。《诗经》在内容上分为《风》《雅》《颂》三个部分。《风》是周代各地的民歌；《雅》是周人的正声雅乐，又分《小雅》和《大雅》；《颂》是周王庭和贵族宗庙祭祀的乐歌，又分为《周颂》《鲁颂》和《商颂》。

强盛。2014年6月，习近平总书记在两院院士大会上引用了这句话来表达求贤若渴的心情。早在20世纪80年代，当习近平同志还在河北正定县任职时，为组建正定经济顾问团，他就曾亲自向全国知名学者发出100多封"求贤信"。如今，已经成为国家主席的习近平同志仍然对贤才礼敬有加。作为国家最高领导人，他曾经为院士让座，躬身为科学家颁奖，不因自己身处高位而骄慢于人，于是整个社会礼敬贤才的风气盛行，而四方有识之士也纷纷向华夏大地聚拢，呈现一派群英荟萃的繁荣景象。

四、分工有等，权责统一

历史记载

　　裴封叔之第^①，在光德里。有梓人^②款其门，愿佣隙宇^③而处焉。所职寻引规矩绳墨，家不居砻斫^④之器。问其能，曰："吾善度材。视栋宇之制、高深圆方短长之宜，吾指使而群工役焉。舍我，众莫能就一宇。故食于官府，吾受禄三倍；作于私家，吾收其直太半焉。"他日，入其室，其床阙足而不能理，曰："将求他工。"余甚笑之，谓其无能而贪禄嗜货者。

　　其后京兆尹^⑤将饰官署，余往过焉。委群材，会众工。或执斧斤，或执刀锯，皆环立向之。梓人左持引，右执杖，而中处焉。量栋宇之任，视木之能举，挥其杖曰"斧！"彼执斧者奔而右。顾而指曰："锯！"彼执锯者趋而左。俄

①第：住宅。
②梓人：木工。此指建筑设计者。
③隙宇：空闲的房子。
④砻斫：音 lóng zhuó。磨和砍削。
⑤京兆尹：官名，京兆府（治所在今陕西西安）的长官。

而，斤者斫，刀者削，皆视其色，俟其言，莫敢自断者。其
不胜任者，怒而退之，亦莫敢愠焉。画宫于堵，盈尺而曲尽
其制，计其毫厘而构大厦，无进退焉。既成，书于上栋曰：
"某年某月某日某建"。则其姓字也，凡执用之工不在列。
余圜视大骇，然后知其术之工大矣。

继而叹曰：彼将舍其手艺，专其心智，而能知体要
者欤！吾闻劳心者役人，劳力者役于人。彼其劳心者欤！
能者用而智者谋，彼其智者欤！是足为佐天子，相天下法
矣。物莫近乎此也。

——柳宗元《梓人传》

　　这段历史记载讲的是唐朝时期的柳宗元通过观察木匠
指挥修缮官署的过程，领悟到治理国家亦需要有所分工，
让有能力的人担任重任，保证权利和义务的统一，才能更
好地造福社会大众。

　　柳宗元在长安为官时，他的姐夫裴封叔住在光德里。
一天，柳宗元去拜访姐夫，恰好碰到有位木匠来敲门，说希
望可以租间空闲的房子居住，并且想用劳力来代替房租。木
匠随身带着的只有量尺、圆规、曲尺、墨斗等，却没有磨刀
石、斧头一类的工具。问及他的特长，木匠说："我善于计

柳宗元

柳宗元（773年—819年），字子厚，唐代河东（今山西省运城）人。杰出诗人、哲学家、儒学家。唐宋八大家之一。柳宗元一生留诗文作品达600余篇，骈文近百篇。

长安

长安，唐朝时的国都，今陕西省西安市。兴建于隋朝，唐朝时易名为长安城，是当时世界上规模最大的城市。

算、估计木材用料，通过观察房屋的规模就能判断建筑的高深、圆方、短长的结构合适与否。我负责设计和指挥，具体的事务由众工匠去做。如果离开了我，他们就像失去主心骨一样，不知从何下手，连一间房子也盖不成。所以为官府工作，我得到的俸禄比别人多三倍；在私人家里干活，全部报酬的一大半都是我的。"后来，柳宗元进到木匠住的房间，发现他的床缺了一只脚，木匠自己却不能修理，要雇佣别的工匠才行。柳宗元感觉很可笑，认为这位木匠庸碌无能却贪图俸禄，是喜爱钱财的人。

一次偶然的机会，柳宗元对木匠的看法发生了极大的改变。当时，京兆尹准备修缮官署，柳宗元恰巧路过。

他看到现场堆积了大量的木材，有许多工匠，有的拿着斧子，有的拿着刀锯。而这位木匠站在人群中间，左手拿着长尺，右手拿着木杖，衡量房屋的承担情况，察看木料的性能。他挥动着木杖说："用斧子砍！"拿斧子的人就去砍木料；他回头指着木材说："用锯子锯！"拿锯的工匠就跑到那里去削截木料。大家都看着他的脸色，等待他的命令，没有一个敢自作主张的。某些不能胜任的人，即使被他生气地辞退了，也不敢有一句怨言。他将建筑的图样绘在墙上，在狭小的地方详尽地画出建筑的构造，按照图上微小的尺寸计算，再按照比例放大，从而使建造起的高楼大厦没有一点误差。后来房屋建成后，在房屋的正梁上写着"某年某月某日某某修建"，署的只有木匠的姓名，而那些被他役使的工匠都不在上面列名。柳宗元这才知道木匠的技术如此精湛。

柳宗元感叹说："他大概是一位有意舍弃手艺操作、专门使用思想智慧，从而能掌握营造之术的精髓的人吧！劳心的人役使别人，劳力的人被别人役使，他大概就是劳心的人；拥有技艺的人出力劳动，有才智的人出谋划策，他大概是属于有才智的那类人吧！"

柳宗元认为建造房屋如同治理国家，各级官员和人民

都要依靠自己的能力自食其力。辅佐皇帝治理国家的人，推举人才授以官职，指挥他们从事本职工作，根据他们的政绩升降官职，视其执法情况进行整顿，这就好像木匠用规矩绳墨来测定房屋的结构，挑选工匠，指派任务，并根据他们的工作情况进行调整。辅佐天子的人根据手中的奏章就可以了解和判断远近大小的国事，这就好像木匠通过在墙上绘出房子的图样就能建造完成整个工程一样。他们不夸耀自己的才能，也不亲自去做那些微小琐碎的事情，每天和天下杰出的人才一起讨论治理国家的根本道理。

柳宗元引用孟子所说的"劳心者治人，劳力者治于人"，表明人们应当根据社会分工不同，各司其职，尽好自己的本分。木匠的工作看似轻松，但却起着至关重要的引领作用。工匠不了解建筑的整体构造，如果没有木匠，工匠的工作成果只是零散的部件。木匠的策划、指挥，将这些"部件"组装起来，形成一个"整体"，使工匠的工作变得有意义。因而，木匠说："由我则固，不由我则圮。"他不仅得到了最多的报酬，还得到了工匠们的尊重。领导者就如同木匠，被领导者就如同工匠。领导者的思想境界达到一定的高度，能够制定出适合国家发展、有利于人民幸福生活的政策，就能受到人民的尊重与爱戴，也能得到相应的酬劳。领导者与被领导者的划分，是为了将"工程"建得更加牢固。当一个人享受更多权利时，就要尽更多的义务。领导者肩负把握方向和结构的重任，赋予领导者权力是为了让他用其才智造福更多的人，所以领导者的权利和义务是相统一的。

所以，"等贵贱"实质上是贵贱有等。外在的"有等"是为了让合适的人在合适的位置，使其有条件造福更多的人，实现所有人的利益最大化。

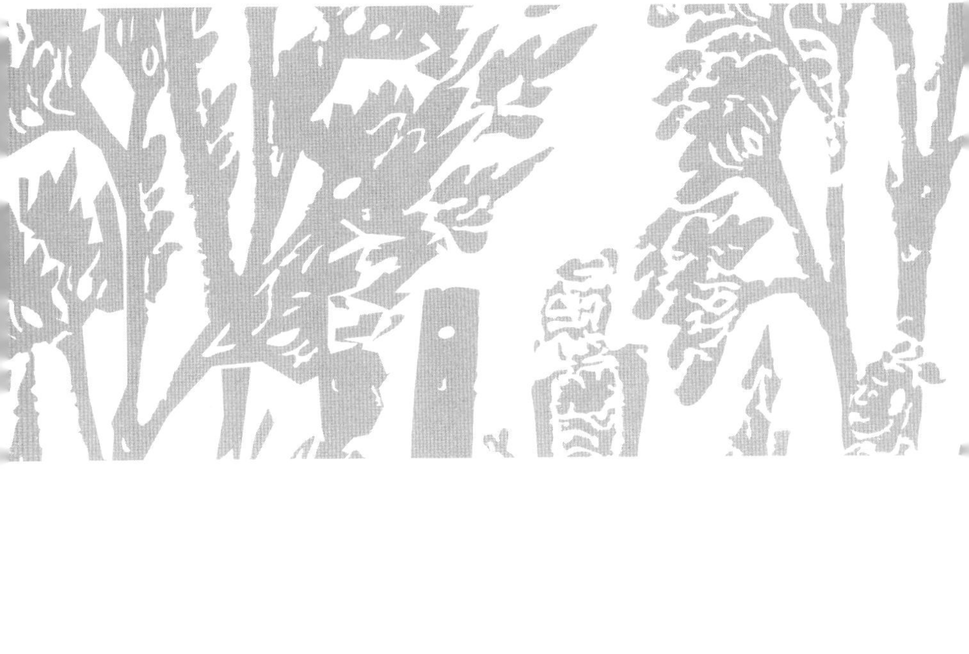

第二章
均贫富

　　"均贫富"是中国古代富民、恤民的重要宗旨,其目的是合理分配资源,使人们都能过上衣食丰足的幸福生活,既不过分奢侈,也不寝食难安。国家一方面对占据社会多数资源的官员和商人的用度进行合理规范,另一方面通过适当减免赋税、分发物资来帮助贫苦的劳动人民,以防止贫富差距过大,由此实现"均贫富"。

富民观：裕民以政，节用以礼

一、蓄积之道，以农为本

历史记载

文帝即位，躬修俭节，思安百姓。时民近战国，背本趋末，贾谊说上曰："管子①曰：'仓廪实知礼节。'民不足而可治者，自古及今，未之尝闻。古之人曰：'一夫不耕，或受之饥，一女不织，或受之寒。'生之有时，而用之无度，则物力必屈。古之治天下，至纤至悉也，故其蓄积足恃。今背本而趋末，食者甚众，是天下之大残也；淫侈之俗，日日以长，是天下之大贼也。残贼公行，莫之或止，生之者甚少，而靡之者甚多，天下财产，何得不蹶②哉！世之有饥穰，天之行也，禹、汤被之矣。即不幸有方二三千里之旱，国胡以相恤？卒然边境有急，数十万之众，国胡以馈之？兵旱相乘，天下屈，有勇者，聚徒而横击，并举而争起矣，乃骇而图之，岂将有及乎？夫积贮

①管子：即管仲。
②蹶（jué）：倾竭。

者，天下之大命也，苟粟多而财有余，何为而不成？以攻
则取，以守则固，以战则胜，怀敌附远，何招而不至？今
殴民而归之农，皆著于本，使天下各食其力，末技游食之
民，转而缘南亩，则畜积足，而人乐其所矣。可以为富安
天下，而直为此廪廪也，窃为陛下惜之！"于是上感谊
言，始开藉田，躬耕以劝百姓。

——《群书治要·汉书二·志》

这段史料记载的是西汉政论家贾谊上书汉文帝，陈述
要增加国家的积蓄须以农为本的道理。

公元前2世纪初，西方的古罗马刚刚赢得一场战争
的胜利，并以解放者自居占领了希腊的城邦。而同一时
期的中华大地，也刚刚终结了秦末乱世的局面，步入一
个新的时代——汉朝（前202年—公元8年，25年—220
年）。汉朝和与其同时期的罗马，都拥有当时世界上最
先进的文明，并列为当时世界上最强大的帝国。这让人
不禁思考：这两个强大的帝国背后，是以怎样的政治理
念作为支撑的呢？

公元前180年，古罗马正处于一段短暂的休战期，这

一年罗马监察官卡图发表了著名的《论农业》一书。此时，罗马的工商业虽然得到了某种程度的发展，但农业依然占据着社会的主导地位。与此同时，在公元前180年的中国，汉朝的第五位皇帝登基，由此开创了中国历史上的一代盛世，这位皇帝就是汉文帝刘恒。

根据《汉书》的记载，汉文帝即位以后，一心希望百姓能够生活安定，但当时人们距离此前战国纷乱的时期（前475年—前221年）尚去不远，大多数人弃置农事，竞相从事工商业，导致国家的粮食储备急剧减损，而奢侈浪费的风气盛行。时任太中大夫的贾谊，便向汉文帝上书了一篇奏章，也就是著名的《论积贮疏》，建议文帝重视农业生产，以增加粮食的积蓄和贮藏。

观察公元前2世纪初中国和罗马这两个世界大国的格局，我们不难发现，无论在何处，农业都是一国兴盛之本。反观当今世界，工商业普遍蓬勃发展，农村人口大量

贾谊

贾谊，汉族，洛阳（今河南省洛阳东）人。西汉初年著名政论家、文学家。世称贾生。

流失，大片耕地被弃置，有的国家粮食主要依靠进口。在世界的某些地区，仍然有不可计数的人在忍饥挨饿，但另外一些地区却奢侈之风盛行。

我们以为这是科技发展所带来的必然结果，其实不然。早在汉朝时期，贾谊就对这些情况发生的原因做出了解释，他引用春秋时期著名政治家管仲的话：一个农夫不耕作，就会有人挨饿；一个女子不织布，就会有人受冻。物资的生产需要时间，如果使用起来挥霍无度，那么物资与人力必然会有枯竭的一天。况且这个世界上有荒年和丰年之分，也有不可预料的天灾人祸。比如2020年新冠肺炎疫情的暴发，就毫无征兆地中断了许多国家的粮食进出口贸易，引发了国民对于粮食储备的担忧。

管仲

管仲（约前723年—前645年），姬姓，管氏，名夷吾，字仲，谥敬，颍上（今安徽省颍上县）人。中国古代著名的经济学家、哲学家、政治家、军事家，春秋时期法家代表人物，被誉为"春秋第一相"。辅佐齐桓公成为春秋时期的第一位霸主。著有《管子》一书传世。

在中国传统经典《礼记》中更是形象地描述了一个国家拥有足够粮食储备的重要性："一个国家，如果没有9年的粮食积蓄，就是不足。如果没有6年的粮食积蓄，就是很急迫。如果连3年的粮食积蓄都没有，那就不能称其为国家了。俗话说耕种3年，才能积蓄出一年的食用；耕种9年，才能积蓄出3年的食用。30年的全部积蓄，才足以供10年的食用。如此一来，虽有大旱、荒灾和水灾，百姓也不至于挨饿。直到那个时候，作为国家的统治者，才可以放心地每日享受美食与音乐，不必担心百姓会挨饿受冻了。"

当然，当今的农业机械化生产在一定程度上加快了粮食积蓄的速度。但是，由于世界人口持续增加，人民生活条件改善，肉食的需求大量增长，畜牧业饲养动物的粮食消耗居高不下，粮食消耗的速度与过去相比也不可同日而语。因此，农业依旧是每一个国家面临的最基本的课题。

因此，当汉朝初期出现弃农从商的现象时，贾谊在上书中建议汉文帝说："现今应当引导人民回归农业，立于根本，使天下人都依靠自己的劳动来谋生，使从事工商业和四处谋生之人转行来从事农业，那么粮食积蓄就会充足，人们就会乐于做自己所应做的事了。"汉文帝很赞同贾谊的谏言，于是设立了天子的责任田，并且亲自耕种以勉励百姓回归农业。

　　中国有一句古话叫"民以食为天"。历朝历代的领导者都十分重视农业生产和储蓄。在2020年新冠肺炎疫情暴发后，中国公布了一组数据，有力地说明了我们从没有因为工商业的发展而忽视农业。作为一个拥有14亿人口的大国，2019年中国粮食总产量达到66384万吨，同比增加594万吨，增长0.9%，再创历史新高。从近20年来看，2018年中国人均粮食产量达472.38公斤，较2003年增长了41%，远高于世界平均水平。截至2019年，中国的耕地面积达123.8万平方公里（约18.57亿亩），位列全球第四，耕地面积占全国土地面积的13.27%。近3年中国的谷物及其制品的进口额持续下降，自给率多年保持在95%以上，对外依赖程度低，谷物基本可以自给自足。这些数据都证明，中国长久以来从没有忽视粮食补给对于国家的重要性，这也正是中国传统治国理念中重农思想的重要体现。

二、富民之策，贵粟减赋

历史记载

　　晁错复说上曰："……夫寒之于衣，不待轻暖；饥之于食，不待甘旨；饥寒至身，不顾廉耻。人情一日不再食则饥，终岁不制衣则寒。夫腹饥不得食，肤寒不得衣，虽慈母不能保其子，君安能以有民哉！明主知其然也，故务民于农桑，薄赋敛，广蓄积，以实仓廪，备水旱，故民可得而有也。民者，在上所以牧之，趋利如水走下，四方无择也。夫珠玉金银，饥不可食，寒不可衣，然而众贵之者，以上用之故也。其为物轻微易藏，在于把握，可以周海内，而无饥寒之患。此令民易去其乡，盗贼有所劝，亡逃者得轻资也。粟米布帛，生于地，长于时，聚于力，非可一日成也；数石之重，中人不胜，不为奸邪所利，一日弗得，而饥寒至。是故明君，贵五谷而贱金玉。

　　"今农夫，春耕夏耘，秋获冬藏，伐薪樵，给徭役，春不得避风尘，夏不得避暑热，秋不得避阴雨，冬不得避寒冻，四时之间，无日休息，又私自送往迎来，吊死问疾，养孤长幼在其中，勤苦如此，尚复被水旱之灾，急政暴虐①，赋敛不时，朝令而暮改，当其有者，半贾而卖；无者，取倍称之息。于是有卖田宅、鬻②子孙，以偿责者矣。

　　"而商贾大者，积贮倍息，小者坐列贩卖，操其奇赢，日游都市，乘上之急，所卖必倍。故其男不耕耘，女不蚕织，衣必文采，食必粱肉，无农夫之苦，而有阡陌之得。因其富厚，交通王侯，力过吏势，以利相倾，千里游遨，冠盖相望，此商人所以兼并农人，农人所以流亡者也。

　　"今法律贱商人，商人已富贵矣；尊农夫，农夫已贫贱矣。故俗之所贵，主之所贱也；吏之所卑，法之所尊也。上下相反，好恶乖迕，而欲国富法立，不可得也。方今之务，莫若使民务农而已矣。欲民务农，在于贵粟，贵粟之道，在于使民以粟为赏罚。今募天下，入粟县官，得以拜爵，得以除罪。如此，富人有爵，农民有钱，粟有所渫③矣。夫能入粟以受爵，皆有余者也，取于有余，以供上用，则贫民之赋可损，所谓损有余补

---

①虐：疑为"赋"之误。
②鬻：音yù。卖。
③渫：音xiè。散布，发散。

不足，令出而民利者也。顺于民心所补者三：一曰主用足，二曰民赋少，三曰劝农功。爵者，上之所擅，出于口而无穷；粟者，民之所种，生于地而不乏。夫得高爵与免罪，人之所甚欲也。使天下人入粟于边，以受爵免罪，不过三岁，塞下粟必多矣。"

于是文帝从错之言，令民入粟边，各以多少级数为差。至武帝之初，七十年间，国家无事，都鄙廪庾尽满，而府库余财。京师之钱累百巨万，贯朽而不可校。太仓之粟，陈陈相因，充溢露积于外，腐败不可食。众庶街巷有马，阡陌之间成群，守闾阎者食粱肉，为吏者长子孙，居官者以为姓号，人人自爱，而重犯法，先行谊而黜愧辱焉。于是罔疏而民富。

——《群书治要·汉书二·志》

这段记载讲述的是西汉政治家晁错上书汉文帝，提出要使百姓富裕起来，一方面需要上位者重视五谷、轻视奇珍异物，另一方面需要制定政策减免赋税，以政裕民。

早在2500多年前，中国古代的圣哲孔子在游历卫国时感叹卫国人口众多，这时他的弟子冉有便向他请教："请问老师，当一个国家人口已经很稠密的时候，应该做什么

呢？"孔子回答道："当一个国家人口已经很稠密了，首先要做的事就是让人民富裕起来。"

为什么治理国家首先要使百姓富裕起来呢？管仲曾经说过：凡是治理国家，必定要先让百姓富起来。如果百姓富裕，国家就容易治理；如果百姓穷困，国家就难以治理。因为如果人民穷苦，连身体的挨饿受冻都无法解决，那么人们就会逐渐失去廉耻之心而民风日下。观察古今中外一些国家的情况，我们不难发现，纵然不同时代、不同国家的法令制度并不一致，但安定太平的国家常常是富裕的，而动乱不安的国家往往是贫穷的。所以真正懂得治国的统治者，必定是先使百姓富裕起来，然后再治理国家。

晁错

晁错（前200年—前154年），汉族，颍川（今河南省禹州）人。西汉政治家、文学家。他发展了"重农抑商"政策，主张纳粟受爵，增加农业生产，振兴经济；在抵御匈奴侵边问题上，提出"移民实边"的战略思想，建议募民充实边塞，积极备御匈奴攻掠；政治上，他进言削藩，剥夺诸侯王的政治特权以巩固中央集权。后因其谏言损害了诸侯利益，诸侯以"诛晁错，清君侧"为名，起兵反叛。为平息叛乱，汉景帝将晁错杀掉。

他们是怎样做的呢？一方面他们重视农桑，保障人们的基本生活；另一方面他们减轻人民赋税，让人民能够有粮食的储蓄。如此开源节流，百姓就能逐渐富足了。

汉朝初期，政府就面临着普通百姓困乏的难题。晁错上书汉文帝分析了当时的情况。

他说：如今的农民，春天翻地，夏天除草，秋天收获，冬天储藏，还要砍伐柴火，供给徭役。春季不能避开风沙尘土，夏季不能避开酷暑炎热，秋季不能避开绵绵阴雨，冬季不能避开冰冻严寒，一年四季没有休息的时间。此外还有个人的迎来送往、吊唁死者、慰问病者、赡养孤老、养育幼儿的事情。百姓如此勤劳辛苦，有时还会遭受水旱的灾害，官府的急征暴敛。为了纳税，有粮食的人往往不得不半价出售粮食以完税；没有粮食的人就以加倍的利息向他人借钱交税。于是就有了卖掉田宅、儿孙来偿还债务的事情。而那些大的富商囤积货物以获得加倍的利息；小商人则坐在市场中贩卖，带着他们用余财所获得的奇异货物，每天在都市中游逛，趁官府急需之时，就成倍抬高物品的价格。所以，这些商人们男子不进行耕作，女子不从事蚕桑和纺织，却穿着华美的衣服，吃着上等的米和肉。他们没有农夫那么辛苦，拥有的财富却超过农夫在田间的收获。他们凭借雄厚的财富，与王侯交往相通，势力超过一般官员，依靠钱财争权夺利，互相排挤，遨游于千里之外，一路上往来不绝。这就是商人所以能兼并农民、农民却流落他乡的原因。

珠宝美玉和金银财宝这些东西，饥饿的时候不能吃，寒冷的时候不能穿，然而人们却认为它们很贵重，这是什么原因呢？晁错在给汉文帝的上书中告诉我们，这是因为上位者使用它们的缘故。

魏晋时期著名的政论家傅玄（217年—278年）也曾进一步论述过这其中的原因。他说："贪求荣誉、看重财利是普通人的共性。君主所喜好的东西，是荣誉和财利的所在之处。所以君主所喜好的，百姓就会趋从，并且追求不止，即使殒身丧命也毫不畏惧和躲避。"老子更是直接点明了君主奢靡对国家的危害：君主若是喜欢精美奇巧的工艺品，居住的宫殿雕梁画栋，穿的衣服有华丽的纹饰，那么百姓就会效仿君主奢华的风气，奇巧珍好之物就会滋生，于是人们争相从事工商业，农事被废弃，百姓饥寒并生，国家的盗贼也就多了起来。由此看来，一国之君的价值取向，确实直接影响了整个国家的未来走向。因此，晁错在上书中强调说，"明智的君王重视五谷而轻视金银珠宝"，其中的道理便是如此。

如今几千年过去了，中国仍然是一个农业大国，中国政府从没有停止过推动农业的发展，虽然用于农业生产的方法技术与过去大有不同，但并不妨碍农业在国家发展中的重要地位。十八大以后，政府指出"农业现代化是整个经济社会发展的根本基础和重要支撑"，高度重视农业发展。中央多次强调领导干部要坚决反对奢靡之风，也正是抑制奇巧之物滋生、保障民生用品生产、导正民风回归真诚淳朴的重要策略，是古代"抑商"思想的当代表达。

在这里要特别指出，我们现在所说的"抑商"思想，并不是指抑制工商业的发展，因为当今工商业也在一定程度上促进了农业的发展，并且在某些行业中，甚至扮演着过去农业生产的角色。而古时的商业更多的是指货物的交换，商人也并没有像当今社会这样承担了很多社会责任。因此，"抑商"思想在当今社会的解读，不能仅停留在字面意思，其背后的实质是对通过制作和贩卖奇巧之物而牟取高利这种行为的合理抑制。

中国之所以能够维持几千年历史的延续，其间经历无数天灾人祸，最终都能顽强地度过劫难，可以说重农抑商的政治策略为其提供了基本保证。而重农抑商的根本指导思想，其实就是天道的损有余补不足——减损人民生活非必须的物品的生产，加强人民生活必需品的生产；减损通过奇工巧饰和奸诈欺伪而获利的途径，增加辛勤劳动的人民获得财富的渠道。这样做不仅保障了人民衣食无忧，更是保护了人民良善和淳朴的本性。中国领导者自古以来就以民生、民风作为国家发展的第一要务，"民生大于天，民心重如地"，这也正是中国标准的富有、公平和智慧。

了解了问题的根源，解决问题才成为可能。我们重读历史的一个重要意义，就是希望在历史中寻找解决当今世界问题的答案和智慧。在2000多年前，晁错针对当时的社会问题，向汉文帝呈递了一份他的答案。他的方法是通过国家的调控，均衡资源的分配，使人们都能各得其所，人心平和。

他这样写道："当今的要务，没有比让人民致力于农业生产更重要的了。想要让人们从事农业生产，关键是要重视粮食，其方法在于用粮食作为赏罚的依据。现在请大王号召天下人民，只要向朝廷交纳粮食，就可以得到爵位或免除罪过，如此一来，富人就会拥有爵位，农民也能保有钱财。因为凡是能交纳粮食来获取爵位的人，都是有余粮的人，从富余者那里取一部分来供国家使用，那么贫穷百姓的赋税就可以减少，政令一出人民便能够得到利益。"

那么这样做对国家有哪些好处呢？晁错认为，这样做能使国家在三个方面得到益处：第一是保障了朝廷所需的用度，第二是减少了贫民的赋税，第三是鼓励了农业生产。

晁错继续论述道："爵位是君主所专有的，出于皇上之口而数量无有穷尽；粮食是人民所种植的，生长在田地中而不会缺乏。能得到高的爵位和免除罪过，是人们都很希望的事，如此一来，粮食必定会充足起来。"

最终汉文帝听从了晁错的建议，下令以交纳粮食的多少来决定爵位的等级次序。之后直到汉武帝即位之初的70年间，国家都没有重大变故，粮食的储备也很充实，国库里有剩余的财物。根据史书记载，当时京师的钱财积聚了数百亿，以至于穿钱的绳子都朽断了，钱财多得无法计算；京师粮仓的陈谷逐年增加，多得都露天堆积在外面。百姓生活安定富裕，为官者长期任职，每个人都懂得自爱而不愿轻易违反法律，懂得以道义为先而贬斥耻辱的行为，一切祸患便无法栖息，祸患被防范于未发生之前，于是法律宽松而人民富足。

这一套均贫富的政治措施，不仅在汉文帝时期使国家和人民都富裕起来，并且在当今社会，仍然扮演着重要的角色。虽然如今已不再用粮食作为向政府缴纳税赋的凭据，但是均贫富的思想，对于当今政府税收政策的制定和施行，仍然具有重要的指导意义。

均贫富的关键，就是要让富人多纳税，穷人少纳税。中国当今的梯度税收理念，正是历史上均贫富思想的延续和发展。近十几年来，中国政府多次提高个人所得税起征点，2018年更是直接由每月3500元提高至每月5000元，不仅覆盖了2018年人均负担消费支出的每月约4200元，还体现了一定的前瞻性，有效缓解了低收入人群的纳税压力。

不仅如此，新税法也优化了部分税率级距，扩大了3%、10%和20%三档税率的级距。据计算，月入2万元以下的人群将减税50%以上，月入2万到3万元的人群将减税30%以上，广大纳税人都能享受到不同程度的减税红利，尤其是中等以下收入群体获益更大。除此之外，新税法还提高了基本减除费用标准，增加了专项附加扣除，对于要交纳高额税款的高收入人群也同样实现了减税。

同时，中国政府对于有贡献的企业家，也会颁发相应的荣誉。2018年10月24日，全国工商联在北京举行新闻发布会，发布改革开放40年以来，百名杰出民营企业家名单，表彰民营企业在整个中国经济体系中发挥的重要作用。民营企业贡献了50%以上的税收，60%以上的GDP，70%以上的技术创新，80%以上的城镇劳动就业，90%以上的新增就业和企业数量。通过增加企业家承担社会责任的荣誉感，让更多的企业愿意为中国的发展尽自己的一分力量。在当今很多企业家看来，纳税不仅是一份责任，更是一份沉甸甸的荣誉，是值得骄傲的企业家精神。

三、受禄之家，不争民业

公仪休为鲁相，奉法循理，无所变更，百官自正。使食禄者不得与下民争利，受大者不得取小。客有遗相鱼者，不受也。客曰："闻君嗜鱼，遗君鱼，何故不受也？"相曰："以嗜鱼故不受也。今为相，能自给鱼；今受鱼而免，谁复给我鱼者？吾故不受也。"食茹①而美，拔其园葵而弃之；见其家织布好，而疾出其家妇，燔②其机云："欲令农士工女安所雠其货乎？"

——《群书治要·史记下·循吏传》

"夫天亦有所分与，与上齿者去其角，傅其翼者两其足，是所受大者，不得取小也。古之所与禄者，不食于力，不动于末，是亦受大者，不得取小也。夫已受大，又取小，天不能足，而况人乎！此民之所以嚣嚣苦

---

①茹：菜。
②燔（fán）：焚烧。

不足也。身宠而载高位，家温而食厚禄，因乘富贵之资力，以与民争利于下，民安能如之哉？是故博其产业，蓄其积委，务此而无已，以迫蹴民，民寝以大穷。富者奢侈羡溢，贫者穷急愁苦，而上不救，则民不乐生。民不乐生，尚不避死，安能避罪？此刑罚之所以繁，而奸邪不可胜者也。"

"故受禄之家，食禄而已，不与民争业，然后利可均布，而民可家足也。此上天之理，而太古之道，天子之所宜法以为制，大夫之所当循以为行也。故公仪子怒而出其妇，愠而拔其葵，曰：'吾已食禄矣，又夺园夫工女利乎！'古之贤人君子在列位者皆如是，故下高其行，而从其教；民化其廉，而不贪鄙。故《诗》曰：'赫赫师尹，民具尔瞻。'由是观之，天子大夫者，下民之所视效，岂可以居贤人之位，而为庶人行哉！皇皇求财利，常恐匮乏者，庶人之意也；皇皇求仁义，常恐不能化民者，大夫之意也。《易》曰：'负且乘，致寇至。'乘车者，君子之位也；负担者，小人之事也。此言居君子之位，而为庶人行者，其患祸必至也。"

——《群书治要·汉书五·传》

公仪休

公仪休，又作公孙仪，春秋时期鲁国的博士，由于才学优异做了鲁国宰相。因为实行廉政而流传后世。

本节选取了鲁国宰相公仪休不争民利的故事，并通过《汉书》中记载的上天造物"受大不取小"的规律，告诫为官者应杜绝与民争利的现象发生。

公仪休担任鲁国宰相时，奉公守法，循理办事，不随意更改法令制度，大小官员都能保持正直自律。他规定享受朝廷俸禄的官员不能与百姓争利益，既然已受朝廷之大恩，眼里就不能盯着小利。

有一次，有客人向公仪休馈赠一尾鱼，公仪休不肯接受。客人说："我听说您很爱吃鱼，所以特意给您送来，为何您不接受呢？"公仪休回答说："正因为我爱吃鱼，所以不能接受。我现在身为宰相，想吃鱼可以自己买。但我如果接受你送的鱼而被朝廷免职，日后谁给我鱼呢？所以我不能接受。"

又有一次，公仪休吃了自己园子里种的蔬菜，觉得味道鲜美，就让人把家里菜园所种的菜全都拔了扔掉。他

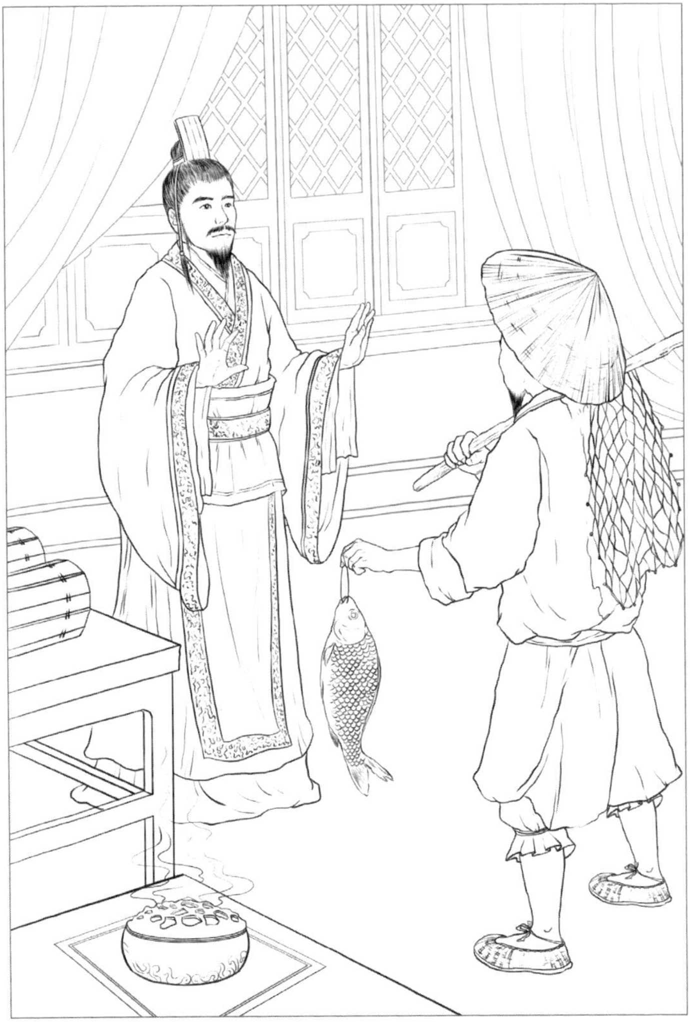

看到家里织出的布很好，就马上把家里的织女打发走。他说："咱们种的菜、织的布这样好，让那些农夫和织女们去哪里卖他们的货物呢？"

公仪休深知，如果手中掌握着权力的官员，还要与平民百姓争利，百姓怎么争得过他们呢？这样必然会导致贫富差距的出现。所以，享受朝廷俸禄的官员不能与百姓争利益，既然已受朝廷大恩，眼里就不能盯着小利。

在汉书中也有这样的故事：上天在造物时，虽造出了不同的万物，但却遵循平等公正的理念，给予了动物锋利的牙齿，便不会再赋予它尖锐的犄角；给予了动物强壮的翅膀，就必定只赋予它两只脚。这是因为已经享受了大利，就不能再去追求小利。为政者也一样，既然不用劳动、不用从商就可以得到俸禄，这也是接受了大的好处，就不得再谋求小利。已经接受了大的好处，又要谋取小利，上天都不能使其满足，何况是人呢？官员要与民争利，人民是无法与之抗衡的。官员身居高位，权势倾天，平民百姓岂能敌得过？身处高位的官员如果想扩大产业，积蓄财物，并以此压迫百姓，百姓就会渐渐变得十分穷困。这就会导致富有的人奢侈浪费、贫穷的人穷困急迫，贫富差距逐渐扩大，而上位者又不去救助，那么人民就会

感觉到活着没有乐趣。人民如果感受不到活的乐趣，就会
连死亡都不躲避，那么又怎能惧怕犯罪呢？这就是刑罚繁
多但奸邪仍然无法制止的缘故。所以，官员在得到俸禄
后，要对人民感恩戴德，感激因为人民的供养，自己才不
用参与辛苦的劳动，切忌与民争利。

　　享受俸禄的人家，以俸禄为生就行了，不应当再与
人民争夺产业。如此一来，利益就可以普遍分布，百姓
也可满足家用了。这是上天的公理，也是远古的治国之
道，天子应该效法并将其作为制度，大夫也应当遵循并
将其作为自己的行为准则。

　　所以春秋时期的公仪休赶走了家中织女，拔掉了自
家种的蔬菜，他说："我已经享有俸禄了，还要夺取种菜
园丁和织布女工的利益吗？"古时候贤人君子身居官位都
是这样，所以下面的人都尊崇他们的德行，服从他们的教
化，人民被他们的廉洁所感化，而不贪婪卑鄙。

　　领导者是百姓所效法的榜样，怎能处在高位却做出平
民的行为呢？急切地谋取财利，经常担心财用缺乏，这是
平民的想法；急切地寻求仁义，经常担心不能教化百姓，
这才是领导者应该想的。所以《易经》中说："负且乘，
致寇至"，若挑着担子，背着包袱，还坐着车子，一定会

《易经》

《易经》，相传为周文王姬昌所作，是阐述天地世间关于万象变化的古老经典，是中国传统思想文化中自然哲学与人文实践的理论根源，内容极其丰富，被誉为"大道之源"。

招来贼寇。因为乘车是君子、官员才可以享受的待遇，而背着包袱、挑着担子，是一般人所从事的事。身居官位却做着百姓的行当，那一定会给自身招致祸患。所以古人阐述得很明白：官员不能一面拿着国家的俸禄，一面又从事工商业与民争利，这是天理所不容的。

所以，正确的为政之道是：政府官员既然有国家的俸禄可以享用，那就不应经营农业、工业或商业，不应与民争利。这样，官员之外的那些民众也就有利可图，以便养家糊口，维持生计。时至今日，中国法律对此也有明确的要求。《中华人民共和国公务员法》第53条规定，公务员不得利用职务之便为自己或者他人谋取私利；不得滥用职权，侵害公民、法人或者其他组织的合法权益；不得从事或者参与营利性活动，在企业或者其他营利性组织中兼任职务。如果违反上述规定，就可能会面临行政处罚，情节严重的予以停岗或者开除。

中国自古有所谓"为官发财，应当两道"，这句话讲的就是官不与民争利。既然担任了公职，为公众服务，就要断掉发财的念想，不可以为了一己私利而与民争利。对此，领导干部应当时刻铭记在心，警钟长鸣。

四、精简官职，不争民利

历史记载

朕寅膺宝历，恭临八荒，建国经野，务存简易。将欲镇躁归静，反薄还淳，苟失其中，理从刊正。傍观旧史，逖①听前言，周曰成、康，汉称文、景，编户之多，古今为最。而丁口②减于畴日，守令倍于昔辰，非所以驭俗调风，示民轨物。且五岭内宾，三江迴化，拓土开疆，利穷南海。但要荒之所，旧多浮伪，百室之邑，便立州名，三户之民，空张郡目。譬诸木犬，犹彼泥龙，循名督实，事归乌有。今所并省，一依别制。

于是并省三州、一百五十三郡、五百八十九县、二镇二十六戍。又制刺史令尽行兼，不给干物。

————《北齐书·帝纪第四》

子肃，字子雍，拜散骑常侍。上疏陈政本曰："夫

---

①逖：远。
②丁口：即男女人口。清制，凡男子自16至60岁称丁，妇女称口，合称丁口。

除无事之位，损不急之禄，止浮食之费，并从容之官，使
官必有职，职任其事，事必受禄，禄代其耕，乃往古之常
式，当今之所宜也。官寡而禄厚，则公家之费鲜，进仕之
志劝。各展才力，莫相倚仗，敷奏以言，明试以功，能之
与否，简在帝心矣。"

——《群书治要·魏志上·传》

　　上面两个节选记载的是政府精简冗余的机构，以减少
民众对政府供养的故事。

　　北齐文宣帝在位的第7年（556年）11月，开始大规
模精简地方机构，裁减冗余的公务人员。他在诏书中阐明
了他决定精简机构的原因：我承受帝位以来，考察全国各
地，深感治理国家须常存简易之道。纵观历史，周朝的成
王、康王时期和汉朝的文帝、景帝时期，编入户籍的普通
人家可以说是古今最多的。如今的人口并不比那时多，可
是官职相比那时却成倍增加，这样是治理不好国家的。

　　当时的官职烦冗到什么程度呢？只要有100户人家的
地方，便设置成一州；只有3户人家的地方，也要建立一
郡。州的长官、郡的长官，还有大大小小县城的长官越来

越多。文宣帝说，这些职位就好像木头做的狗、泥做的龙一样，徒有虚名，而无其实，因此这些职务都要兼并减省。于是文宣帝下旨兼并了3个州、153个郡、589个县，还有2个镇和26个戍。如此一来，削减了大量冗余的官职，使政务又回归了精简，避免了大量人力物力的浪费。

要保证政府的稳定，保证每一个政府官员都能够安心专注于国家的治理，就需要给予他们足够的俸禄，保证他们不需要为生计和眷属担心。而大量冗余的官职，必然会消耗国家大量的资源。如果国家用大量财力供养政府官员，百姓就必然会财物匮乏。因此对于一个稳定的政府来说，精简官职是非常必要的。

中国古代政论家袁准，曾经劝谏执政者治理国家要精简不必要的官职。他说：有不是迫切需要的官职，就会有不是急需支出的官禄，这是对人民和国家的危害；贤明的君主设置官制，使官吏与职事相当；官吏与职事相当，就会官吏

🍃 **袁准**

　　袁准，字孝尼，魏晋时期的官员。为人正直，有隽才，甘于淡泊，以儒学知名。

少而百姓多；百姓多，那么从事农业劳动的人就多；官吏少，那么需要供奉官禄的人就少；使官吏的俸禄丰厚，他们养护全家的用度就充足，养护全家的用度充足，就对百姓没有其他的索求，对百姓没有其他的索求，违法作乱的事就停息了；俸禄足以代替官吏亲身耕作，他们就会专心于职务，专心于职务，政事就得到合理的处理，政事得到合理的处理，百姓就不被侵扰，百姓不被侵扰，农业生产就不会被扰乱了；维持生计有一定的体制，养老送终有一定的法度，嫁娶、宴会都有一定的分位和礼节，服装、饮食都有等级和次序，明确设定相应的礼法，并严格禁止违礼的行为，如此，国家就没有违背法律的百姓，钱财就没有不必要的浪费了，这是使百姓富裕的重要方略。

所以，明智的君主设置官位，都是使人和事相称，最终的目标是为了政治稳定，百姓安居乐业。

精简官职使人事相称，也就是俗话说的"一个萝卜一个坑"。魏国的经学家王肃（195年—256年）担任散骑常侍的时候，就上疏陈述了如何考察官员是否人当于事。他说，想要治理好国家，就要废除无实事可做的职位，减少并不急需的禄位，停发供养冗员的费用，裁减悠闲无事的官员；使当官者必有职责，有职责就要承担相应的事务，承担事务必定要发给俸禄，以俸禄替代其耕作，这是自古以来的常规，也是当今所应实施的制度。官员的数量少而俸禄优厚，那么国家的费用就会减少，人们入仕为官的志愿就可以得到鼓励。官吏各自施展其才能，就不会相互依赖推诿。做君主的只要让他们陈奏各自的政务，就能够知晓他们是否贤能了。

国家的治理需要根据具体事务需要，精简机构和官员的数量，要保证政府既能够完成工作，又没有多余的人，不能使国家的机构尾大不掉。不仅如此，还要恰当处理官员的俸禄问题，既不能使官员的俸禄过高，增加百姓的负担，导致百姓供给不足，也不能使官员的俸禄过低，导致他们竞相与民争利，徇私枉法，中饱私囊。

精简官职、使人当于事，是中国治理中关于行政体制改革的重要思路。十九大报告中指出，为适应新时代中国特色社会主义现代化，要进一步深化机构和行政体制改革，特别是要"统筹考虑各类机构设置，科学配置党政部门及内设机构权力、明确职责"，与此同时，"统筹使用各类编制资源，形成科学合理的管理体制，完善国家机构组织法。"此外，还需要"赋予省级及以下政府更多自主权。在省市县对职能相近的党政机关探索合并设立或合署办公。"

十九大报告开宗明义地指出，机构设置要统筹考虑，特别强调了内设机构的配置问题，明确了政府机构改革的发展方向。这意味着政府机构改革不应仅仅停留在表面，而应深入到政府机构内部，并逐步优化内设机构的设置。其次，十九大报告指出要"统筹使用各类编制资源"，这为破解政府机构编制难题提供了思路。编制管理可以确保政府机构的人员安排得到有效控制，并避免机构膨胀和人浮于事。最后，十九大报告指出要使省级及以下政府拥有更多的自主权，并鼓励职能相近的党政机关合并设立或合署办公。这些新提法有利于进一步理顺党政关系和上下级关系，并发挥各地各级政府的能动性。这与中国古代的精简官职思想不谋而合。

政府机构和行政体制改革归根结底是要转变政府职能，深化简政放权，创新监管方式，增强政府公信力和执行力，建设人民满意的服务型政府。中国政府所做的一切努力都是为了使人民过上幸福、小康的生活，所进行的一系列改革也都围绕这一宗旨展开。通过深化改革，必将提升政府工作的效率、效果，使人民过上更加满意的生活。

恤民观：民贵君轻，政在养民

一、饥寒温饱，与天下共

历史记载

卫灵公当隆冬兴众穿池，海春以谏曰："天寒百姓冻馁①，愿公之罢役也。"公曰："天寒乎哉？寒乎哉？"海春曰："人之言曰：安者不能恤危，饱者不能食饥。故余粱肉者，难为言隐约②；处逸乐者，难为言勤苦。夫高堂邃宇，广厦洞房者，不知专屋狭庐，上漏下湿者之痛也；系马③百驷，货财充内，储陈纳新者，不知有旦无暮，称贷者之急也；乘坚驱良，列骑成行者，不知负担步行者之劳也；匡床荐席，侍御满侧者，不知服辂挽船，登高绝流者之难也；衣轻暖，处温室，载安车者，不知乘长城，眺胡代，向清风者危寒也；妻子好合，子孙保之者，不知老母之憔悴，匹妇之悲恨也；耳听五音④，目视

①冻馁：饥寒交迫。
②隐约：俭约。
③系马：在厩内系养的良马。
④五音：宫、商、角、征、羽。这里泛指音乐。

弄优者，不知蒙流矢，推敌方外之死亡也；东向仗几，振笔而调文者，不知木索之急，箠楚之痛也。"昔商鞅之任秦也，刑人若刈[1]菅茅，用师若弹丸，从军旅者，暴骨长城，戍漕者辎车[2]相望，生而往，死而还，彼独非人子耶？故君子仁以恕，义以度，所好恶，与天下共之。"

——《群书治要·盐铁论》

景公之时，雨雪三日而不霁[3]。公被狐白之裘，坐于堂侧阶。晏子入见，立有间，公曰："怪哉，雨雪三日，而天不寒。"晏子对曰："天不寒乎？"公笑。晏子曰："婴闻古之贤君，饱而知人之饥，温而知人之寒，逸而知人之劳。今君不知也。"公曰："善。寡人闻命矣。"乃命出裘发粟，以与饥寒。孔子闻之曰："晏子能明其所欲，景公能行其所善。"

——《群书治要·晏子·谏上》

这两个节选都描述了贤臣劝谏君王要时刻心系天下人

①刈：音yì。割取。
②辎车：古代有帷盖的车子。
③霁：音jì。指停止下雨或下雪，天空放晴。

的饥寒饱暖、懂得体恤民众的故事。

卫灵公（前540年—前493年）在严冬季节召集老百姓挖池塘，他的臣子海春规劝他说："天气太冷了，老百姓又冻又饿，希望您停止这项工程吧！"卫灵公说："天气很寒冷吗？我为什么不感到冷呢？"

海春回答说："人们常说安居的人不能体恤处于危困中的人，吃饱饭的人想不到分给饥饿者食物。所以对于粮食、鱼肉吃不完的人，很难和他讲关于节俭的道理；对于生活安逸快乐的人，很难跟他讲关于勤劳与辛苦的道理。那些身居高楼深院、大厦宽屋的人，不能体会居住在狭小简陋、屋顶漏雨、地面潮湿的房屋里面的人的苦。车马成群、财物满屋、储藏旧粮、收入新粮的人，不知道吃了上顿没下顿、负债累累者的焦虑。乘坐坚车、驾驭良马、随从成群的人，不知道挑着担子赶路者的劳累。睡在安适的床上、铺着垫席、妻妾奴婢围满身边的人，不知道驾车拉船、跋山涉水者的艰难。穿着轻盈暖和的衣服、住着温暖的房子、坐着安适的车子的人，不知道冒着寒风守卫边防者的寒冷和危险。妻子儿女和好团圆、子孙守在身边的人，不知道老母思念儿子的忧愁和妇女想念丈夫的痛苦。耳听音乐、眼观杂技的人，不知道在边境上冒着飞来的利箭、抵抗远方敌人而时时面临死亡之人的恐惧。伏在公案上提笔舞文弄墨的人，不知道刑具束缚下的忧急和鞭棍拷打的痛苦。过去商鞅在秦国做官，杀人如同割茅草，出兵像抛弹丸一样随便；出征的人尸骨扔在长城下无人掩埋，运送军需的辎车络绎不绝；人们活着出去，死着回来。难道他们不是父母所生养的吗？所以君子立身处世，当以仁爱之心宽待别人，凡事都应依据道义来衡量，与天下百姓同好恶共哀乐。"

明智的君主懂得体恤民众，他们时时推想民众的心愿，致力于博爱大众。御驾来到华美的宫殿，看见长廊、栏杆华美壮观，则期望人民都有安身的宅院，有居住的房舍；看到窈窕的女子挤满庭堂，美丽的住人侍奉在身边，则期望人民都有适合的配偶、温暖的家室；吃着肥美的肉，喝着醇香的酒，享用珍贵的膳食，则期望人民都有买粮的钱资、充饥的饮食；穿着轻软温暖的皮衣，则期望人民都有保暖身体的衣服、防御寒冷的储备。以上四个方面是人的本性，也是人情所共有。所以，明智的君主享乐于上，也希望天下男女欢喜于下。因此，其仁慈广泛润泽，家家安居其所。

《晏子》上也记载了一则故事。齐景公（？—前490

晏子

晏子（前578年—前500年），名婴，字仲，谥平，夷维(今山东省莱州市)人。春秋时期著名政治家、思想家、外交家。历仕齐灵公、庄公、景公三朝，辅政长达50余年。他聪颖机智，能言善辩，内辅国政，屡谏齐侯。对外他既富有灵活性，又坚持原则性，出使不受辱，捍卫了齐国的国格和国威。

年）在位时，有一年大雪下了三日都没有放晴。景公身披"狐白之裘"，坐在殿堂侧阶上。晏子进见景公。景公说："真奇怪！雪下了三日，天气却不寒冷。"晏子问："天气真的不寒冷吗？"景公笑了。晏子接着说："婴闻古之贤君，饱而知人之饥，温而知人之寒，逸而知人之劳。今君不知也。"意思是，我听说古代的贤君，自己吃饱时便想到还有百姓在挨饿，自己穿暖时便想到还有百姓在受冻，自己安逸时便想到百姓的劳苦，您现在却什么也想不到啊。齐景公也很难得，他听到晏子说得对，马上赞叹，并按他的教诲，下令取出府库中的皮衣，开仓放粮，救济那些挨饿受冻的百姓。

中国古代人常说天子是百姓的父母，表明天子要像父母爱护子女一样爱护自己的子民，这才是王道的根本。古人认为，君王之所以被称为天子，是因为他办理政事要效法天道，就像是天的儿子一样。天道好生恶杀、滋养万物，所以天子必须有仁爱之心，能够庇荫保护万物，使所有人都能沾濡到君主的恩惠。因此，为政者顺天道而行，爱民恤民，他作为人民的父母才名副其实。

恤民，意思是忧虑人民的痛苦。恤民的一个重要体现，就是帮助有困难的百姓脱离生活困境。我们现在所倡导的不单以GDP论英雄、还要以民生论英雄的发展理念，正是在恤民观念的基础上提出来的。中国改革开放以后，总体经济迅速发展，但仍然有一些地区由于地理位置原因，没能跟上总体的经济发展。针对这个问题，中国施行了"精准扶贫"政策，对每一个贫困家庭都建立档案，并且有专人负责，帮助他们实现自我脱贫。

中国古人讲："授人以鱼，不如授人以渔。"精准扶贫不是简单地发放福利，而是帮助贫困人民创造更多的发展空间，比如修建贫困山区与外界的通路，发展当地旅游业、手工业等。中国政府创造条件，带领贫困人民共同奋斗，让他们通过自己的努力，实现经济上的自力更生。

在中国的传统典籍《周礼·地官》中记载了使百姓丰

《周礼》

《周礼》，儒家经典，十三经之一，是古代华夏民族礼乐文化的理论形态，对礼法、礼义做了最权威的记载和解释，对历代礼制的影响颇为深远。

足的六项政策，其中就包括"赈穷"和"恤贫"。当今中国要全面建成"小康"社会，需要全体人民同步前进，一个也不能少。中国领导人在过去几年中，走遍了全国14个集中连片特困地区，探访了贫困人民的经济状况和生活所需，并制定了适合于每一个贫困户的特定脱贫计划。曾经的9899万贫困人口，不仅没有在中国政府的政治视野中销声匿迹，反而成为执政思想的重要核心。到2019年末，中国农村未脱贫人口仅剩551万人。

时刻把老百姓的安危冷暖放在心上，想群众之所想，急群众之所急，让人民生活更加幸福美满，这正是中国共产党的使命和担当。

二、先民后己，扶贫助贫

历史记载

斗且廷见令尹①子常，子常与之语，问畜货聚马。归以语其弟曰："楚其亡乎！不然，令尹其不免乎！吾见令尹，问畜聚积实，如饿豺狼，殆必亡者。

"昔斗子文三舍令尹，无一日之积，恤民之故也。成王②每出子文之禄，必逃，王止而后复。人谓子文曰：'人生求富，而子逃之，何也？'对曰：'夫从政者，以庇民也。民多旷者，而我取富焉，是勤民以自封也，死无日矣。我逃死，非恶富也。'故庄王之世，灭若敖氏，唯子文之后在，至于今为楚良臣，是不先恤民而后己之富乎？

"今子常先大夫之后，而相楚君，无令名于四方，四境盈垒，道殣相望，是之不恤，而畜聚不厌，其速怨于民多矣。积货滋多，蓄怨滋厚，不亡何待？"期年，

---

①令尹：楚国官名，相当于宰相。
②成王：即楚成王。

子常奔郑。

——《群书治要·国语·楚语》

景公^①出游，问于晏子曰："吾欲循海而南至于琅耶，寡人何修^②以则夫先王之游也？"晏子曰："婴闻之，天子之诸侯为巡狩，诸侯之天子为述职。故春省耕而补不足者，谓之游；秋省实而助不给者，谓之豫。夏语^③曰：'吾君不游，我曷以休？吾君不豫，我曷以助？一游一豫，为诸侯度。'今君之游不然，师行而贫苦不补，劳者不息。夫从高历时而不反，谓之流；从下历时而不反，谓之连；从兽而不归，谓之荒；从乐而忘归，谓之亡。古者圣王，无流连之游，无荒亡之行。"公曰："善。"今吏出粟以与贫者三千钟，公所身见老者七十人，然后归。

——《群书治要·晏子·问下》

①景公：即齐景公。
②修：意为效法。根据张纯一《晏子春秋校注》："修亦循之误。"
③语：作"谚"。

　　这两段文献记载都描述了古代政在养民、扶贫助贫的政治思想。

　　斗且是楚国的大夫，有一天他去见楚国的宰相子常。子常问他怎样才能多积财宝、多得好马。斗且回来后跟他弟弟说："楚国大概要亡国了吧！即便楚国不亡，楚国的宰相子常也一定不会免于灾祸。因为我去见他时，他问我聚敛财富的事，那样子活像一只饥饿的豺狼。楚国怕是一定要亡了！"

　　斗且回忆当年的宰相斗子文。因为体恤百姓，斗子文的家里连供一天生活的积蓄都没有。每当成王要给斗子文增加俸禄的时候，斗子文就会提出辞去令尹的职务，直到成王不再说给他增禄，他才返回朝廷任职。有人对斗子文说："人活着就是求个富贵，而您却躲避它，这是为什么呢？"斗子文回答说："当政的人是庇护百姓的，百姓的财物空了，而我却得到了富贵，这是使百姓劳苦来增加我自己的财富，那么我离灭亡也就不远了。我是在逃避灭亡，不是在逃避富贵！"这就是以体恤民众为先，以自己的私利为后。

　　斗且接着说："如今，我们的宰相子常却是先考虑自己家族的利益。他辅佐楚君却没有好的声誉。国境四周壁垒林立，饿死在路上的人毗连相接。这样严重的问题他不想办法解决，却一心想着聚敛财富，贪得无厌，从人民那里招来的怨恨恐怕多得很了！积蓄的钱财越多，积聚的怨恨也就越多，怎么会不招致灾祸呢？"果然不出斗且所料，一年以后，子常就离开楚国，逃到郑国去了。因此，如果身为君主不能做到把人民的利益放在第一位，而总是想要自己独占利益，贪图自身的享乐，国家必然会面临动荡不安的危险，而君主本身也往往难以善终。

历史也不断验证了这一点。《史记》记载，西周的第10位君王周厉王（前904年—前828年）登基之后，亲近喜欢独占利益的荣夷公。当时的大夫芮良夫劝谏周厉王说："王室大概要衰微了，荣夷公只喜欢独占资源，必定会有大祸。资源是众多物类所产生的，是大自然赐予的，如果有人独占了它们，那祸患自然就多了。天地之间各种各样

《史记》

　　《史记》，二十四史之一，是西汉史学家司马迁撰写的纪传体史书，是中国历史上第一部纪传体通史，记载了上至上古传说中的黄帝时代，下至汉武帝太初四年间共3000多年的历史。

的资源，人人都可以获取，怎么可以独占呢？独占资源必然要招来很多愤怒。不去防备大的灾难，却用这样的思想来教唆君王，王位怎能持久呢？所以作为君王，应该将资源推及上上下下各个层面，而不能想要独占。平民百姓如果想要独占资源，就会被称为强盗。如果君王独占资源，那么归附于他的人就会很少了。"

然而周厉王并没有听从芮良夫的劝谏，仍然继续任用荣夷公主管国事，造成了广大人民的强烈不满，朝野上下民怨沸腾，群起而攻之，最终周厉王自己也遭到了流放。

为君之道，首先考虑的是要使百姓安居乐业。如果损害百姓的利益来奉养自身，这就像割大腿上的肉来填饱肚子一样，肚子确实饱了，但是终究会亡身。所以历史上贤明的君主，首先都要做到保证人民的利益。

《晏子》中还记载了一个晏子劝谏齐景公要先帮助民众，而不要只贪图自己享受的故事。

齐景公（？—前490年）是春秋时期齐国第26代国君，他虽然有治国的壮志情怀，却也贪图享乐。有一次他在带领一行人游览名山时，问身旁的晏子："我想沿着海岸往南走，一直走到琅耶，我该怎样做才是效法先

巡狩

巡狩，指古时天子出行，视察诸侯邦国。狩，与"巡视""视察"同义。巡狩即巡行视察诸侯为天子所守的疆土。

王的出游呢？"

晏子拜了又拜，称赞景公问得很好。他说："我听说，天子到诸侯的封地去，称为巡狩；诸侯来朝见天子，称为述职。所以，春天的时候，天子到田地里去视察百姓耕种的情况，对于贫困的百姓给予帮助，这叫作'游'；秋天的时候，天子再到田地里去视察百姓收获的情况，对于收成不好的农户给予补助，这叫作'豫'。夏朝有句谚语说：'我们的天子春天不游，我们怎么能得以休整？我们的天子秋天不豫，我们怎么能得到救助？天子春天一游，秋天一豫，行恩布德，可以成为诸侯的法度。'然而现在，您的出游却不是这样。陪您出游的大队人马，所到之处消耗大量的粮食，不仅如此，您对于贫困的百姓不给予帮助，对于劳苦的百姓也不使他们得以休养生息。您纵情游历高山而经久不回，这叫作'流'，纵情游玩川泽而经久不回，这叫作'连'，纵情于追逐猎物而不愿返回，

钟

钟，古代容量单位。春秋时齐国公室的公量之一。

这叫作'荒'，纵情于享乐而忘记返回，这叫作'亡'。历代的圣贤君主都没有流连忘返于游山玩水的，也都没有沉迷于狩猎享乐而荒废政事的行为。"

景公感叹道："您说得好啊！"于是他命令官吏从粮库取出3000钟粮食分给贫民，并且亲自探访了70余位老人，然后就返回了都城。晏子通过古代君王的"春游秋豫"劝谏齐景公要体察民生，并且给予他们所需的帮助，使百姓既能休养生息，又能安居乐业。

治理国家先保证百姓的利益，而不是只想着自己享受荣华富贵，这是历代明君所秉持的为政态度。春秋时期，鲁国正卿季文子（？—前568年）曾辅佐鲁宣公、成公、襄公三代国君。季文子在做鲁国的卿相时，他的妻妾不穿丝绸，马匹也不吃好的粮食。当时的大夫仲孙就劝他说："您是鲁国的上卿，妻妾不穿丝绸，马不吃粮食，别人会认为您这么做是吝啬，并且也会使国家不光彩。"但是季文子却说："是这样吗？我看到国人的父母还穿着粗布衣服、吃着蔬食，我因此不敢奢侈。况且我听说君子是靠德行来光耀国家，没有听说靠妾与马的。所谓'德'，就是既能使自己有所得，又能使别人有所得。如果纵情于奢侈的生活，沉迷于华美的文饰，而不能反躬自省，如何治理国家呢？"仲孙听了季文子的这番话以后，很惭愧地退了下去。

　　这种先人后己的情操，在物质生活得到极大改善的今天，仍被保存了下来。中国共产党始终牢记人民的利益高于一切，在2020年5月28日第十三届全国人民代表大会第三次会议记者会上，政府强调政策资金要直达地方、直达基层、直达民生，新增的赤字和抗疫国债资金全部转给地方，这些钱要全部落到企业，特别是中小微企业，落到社保、低保、失业、养老和特困人员的身上，要建立实名制，这些都是有账可查的，绝不允许做假账，也不允许偷梁换柱。

　　在遇到重大灾难的时候，这一品质表现得尤为明显。2020年面对来势凶猛的新冠肺炎疫情，广大共产党员响应党中央号召，大公无私、先人后己，吃苦在前、享受在后，以身作则、模范带头，在党和人民需要的时候挺身而出、英勇斗争、不畏牺牲，这些都是共产党人党性的精神元素。中国共产党区别于其他任何政党、区别于普通老百姓的显著标志，就是始终坚持人民的利益高于一切，越是在危难时刻，越是在重大关头，越是疾风知劲草，烈火见真金，不断用行动诠释着"人民至上"的执政理念。

第三章

损有余补不足

　　憨山大师在《老子道德经解》中对"损有余而补不足"的解释包含两个层面：一是天道的"施而不受"，应用于治国理政中就是君主把修养自己身心的明德施予百姓，使百姓也能够得到含养和教化；二是为君者的不恃能、不居功，君主自身谦虚退让，就能化敌为友，使万民归服，这也是由损至益的体现。

德治观：唯有道者，损己奉人

一、圣主施德，百姓蒙泽

历史记载

孔子闲居，谓曾子曰："参，汝可语明王之道与？居，吾语汝。夫道者，所以明德也；德者，所以尊道也。是故非德道不尊也，非道德不明也。虽有国之良马，不教服乘，不可以取道里；虽有博地众民，不以其道治之，不可以致霸王。是故昔者明王，内修七教，外行三至。七教修，而可以守；三至行，而可以征。明王之道，其守也，则必折冲千里之外；其征也，还师衽席之上。故曰：内修七教，而上不劳；外行三至，而财不费。此之谓明王之道也。"

……曾子曰："敢问何谓七教？"孔子曰："上敬老，则下益孝；上尊齿①，则下益悌；上乐施，则下益宽；上亲贤，则下择友；上好德，则下无隐；上恶贪，则下耻争；上廉让，则下知节。此之谓七教也。七教者，治

---

①尊齿：指尊重比自己年长的人。

民之本也。政教定，则本正矣。凡上者民之表也，表正则何物不正！"

——《群书治要·孔子家语·王言》

　　在这则节选中，孔子教导曾子：圣明的君王应施恩德以惠及百姓，在精神教化方面以身作则，使百姓的德行得到增益。

　　孔子在家闲居，弟子曾参在身边侍候。孔子对他说起了圣明君王的治国之道。孔子说，"道"是用来彰显"德"的；"德"是用来遵循道的。如果没有"德"，"道"就不会被尊崇；如果没有"道"，"德"也无法得到发扬光大。这就好比一个国家有知名的好马，但如果不对它进行必要的训练，好马也不能驾车疾行于道路。同

　　曾参

　　曾参（前505年—前432年），孔子的弟子，16岁拜孔子为师。他通于孝道，颇得孔子真传，作《大学》，后致力于教学。

样，一个国家纵然有广阔的国土、众多的百姓，如果不用符合道德的教化来治理，也就不可能赢得人民的拥戴。所以从前圣明的君王要对百姓实行7种道德规范的教化。只要君王能对内实行这7种教化，就可以守住基业，不会因政事而烦劳。

曾子听了老师的话，继续向孔子请教是哪7种道德规范的教化。孔子回答说："居上位的人孝敬父母、恭敬长辈，下面的人就会更加恪守孝道，这是敬老的教化；居上位的人尊敬同辈中的年长者，下面的人就会更加兄友弟恭，这是尊齿的教化；居上位的人乐善好施，下面的人也会更加仁爱宽厚，这是乐施的教化；居上位的人亲近贤人，下面的人就知道结交良友，这是亲贤的教化；居上位的人注重道德修养，下面的人就不会背地里胡作非为，这是好德的教化；居上位的人憎恶贪婪行为，下面的人就会以争名夺利为耻，这是恶贪的教化；居上位的人廉洁谦让，下面的人就会懂得节俭和讲礼节，这是廉让的教化。这些就是所谓的7种教化。这7种教化，是安民的根本。君主本身如果怀有盛德，那么他对于'德'的诠释就能够被百姓所知晓，久而久之，百姓也会成为有德之人。如此一来，国家的安定也就无须

上位者担心了。"

民风良善是好的政治治理的重要标准。《论语》中说"道之以德，齐之以礼，有耻且格"，用道德来引导百姓，用礼来规范百姓，百姓就会有羞耻心，就不愿意去做坏事，这就从根本上引导百姓远离了灾祸。

古代中国是政教一体的国家，作为君主不仅要治理好国家，还要广施德教，使百姓都能得到道德教化的惠泽。憨山大师在注解老子的"天之道，损有余而补不足"时这样说：天道只施予而不索取，都是减损自己的有余，来增补万物的不足。所以君主效法天道，将自己的盛德施予百姓，而不求取回报，如此使百姓得到补益，这亦是损己有余，而补民不足。

关于君主的德行和民风之间的关系，孔子曾经做过形象的比喻。他说，君主就好像是器皿，黎民百姓就好像是水。器皿是方的，水就呈现方的形状；器皿是圆的，水就呈现圆的形状。这就是说君主的一言一行都在影响着百姓

《孝经》

《孝经》是阐述孝道和孝治思想的中国古代经典著作，儒家十三经之一。

的所作所为。在《孝经》中，孔子说："君主的言谈，必须考虑到要让人们所称道奉行；君主的作为，必须想到可以给人们带来欢乐，其立德行义，能得到人民的尊敬；君主的行为举止，必须可以使人民效法；君主的容貌行止，必须合乎规矩，使人们无可挑剔；君主的一进一退，不能越礼违法，要成为人民的楷模。君主以这样的作为来治理国家，统治黎民百姓，民众就会敬畏而爱戴他，并且效法他的所作所为。如此一来，君主就能够成就其德治教化，所有的政令也会畅通无阻。"

所以，作为一个国家的统治者，想要惠泽万民，就需要自己本身拥有盛德。就像习近平总书记在参加十三届全国人大一次会议重庆代表团审议时所说的，"政德是整个社会道德建设的风向标。"

自党的十八大以来，党中央高度重视社会主义精神文明建设，特别是思想道德建设，对加强立德树人、以文化人等各项工作做出一系列重要指示，对表彰道德模范、开展学习宣传道德模范活动等提出明确要求，推动社会主义思想道德建设在新时代展现新气象、取得新成就。

在党和国家领导同志和广大先进模范人物的示范引领下，亿万中华儿女崇德向善、见贤思齐，弘扬中华传统美德、弘扬时代新风，更好地构筑中国精神、中国价值、中国力量，为实现中华民族伟大复兴的中国梦凝聚起强大的精神力量和有力的道德支撑。

二、损华去伪，生养万物

历史记载

　　子廖字敬平，少以父任为郎，肃宗①甚尊重之。时皇太后躬履节俭，事从简约。廖虑美业难终，上疏长乐宫②，以劝成德政曰："臣案前世诏令，以百姓不足，起于世尚奢靡。故元帝罢服官，成帝御浣衣，哀帝去乐府③。然而侈费不息，至于衰乱者，百姓从行不从言也。夫改政移风，必有其本。

　　"传曰：'吴王好剑客，百姓多瘢疮；楚王好细腰，宫中多饿死。'长安语曰：'城中好高髻，四方高一尺；城中好广眉，四方且半额；城中好大袖，四方用匹帛。'斯言如戏，有切事实。前下制度，未几，后稍不行，虽或吏不奉法，良由慢起京师。今陛下躬服厚缯，斥去华饰，素简所安，发自圣情，此诚上合天心，下顺民望，浩大之福，莫尚于此。陛下既已得之自然，犹宜加以勉勖，法大

①肃宗：指汉章帝刘炟。
②长乐宫：此指马太后，即明德马皇后。
③乐府：古代主管音乐的官署。

宗之隆德，戒成哀之不终。《易》曰：'不恒其德，或承之羞。'诚令斯事一竟，则四海诵德，声熏天地，神明可通，金石可勒，而况于人心乎？况于行令乎？愿置章坐侧，以当瞽人夜诵之音。"大后深纳之。

——《群书治要·后汉书一·列传》

帝（太祖）性孝友节俭，质任自然，不事矫饰。……宫中苇帘，缘用青布；常服之衣，浣濯至再。魏国长公主襦饰翠羽，戒勿复用，又教之曰："汝生长富贵，当念惜福。"见孟昶宝装溺器，撴而碎之，曰："汝以七宝饰此，当以何器贮食？所为如是，不亡何待！"

——《宋史·本纪第三》

这两段记载是关于上位者崇尚节俭、减损欲望，使百姓的物质生活得到增益的故事。

马廖年轻时因父亲马援为官而被保举为郎，深受汉章帝的尊重。当时皇太后亲身履行节俭，办事务从简省。为使这种美德贯彻始终，马廖上疏马太后，劝谏太后成就德政。他说："臣依据前代的诏命，认为百姓日用不足，是由于世人崇尚奢侈浪费。故而元帝免去服

马廖

马廖（？—92年），东汉明德马
皇后的长兄，为人质诚畏慎，不爱权
势声名，尽心纳忠，不屑毁誉。

官，成帝常穿旧的衣服，哀帝去除乐府。然而奢侈浪
费终未杜绝，以至造成衰败混乱，原因是这些皇帝口头
上表示得很好，行动时又是另一番模样。百姓效法朝廷
的行为而忽视朝廷的言辞。所以改变风气习俗，必须抓
住根本。有记载说：吴王喜欢精于剑术的人，老百姓就
多有创伤；楚王喜欢细腰，宫女们就多有饿死的。长安
城中的谚语说：皇城的人喜欢束高发髻，四周乡下的百
姓发髻就高达一尺；皇城的人喜欢画宽眉，乡下的百姓
就将眉毛画到半额宽；皇城的人喜欢长衣袖，乡下的百
姓就用整匹布来做衣袖。这些虽似笑话，但却是事实。
以前颁布的制度没过多久就不执行了，这里面虽然有官
吏不依法办事的原因，但是轻慢法令的行为根源还是起
于京师。如今陛下亲自穿着厚缯做的衣服，去掉华丽的
装饰，安于朴素简约，都是发自您的本性，这种做法实
在是上合天心，下顺民意。造福宏大，莫过于此。陛下

既已自然而然地做到了这一点，还须加以勉励，效法太宗的盛大德行，借鉴成帝、哀帝不能善终的教训。《易经》说："不能持之以恒地恪守自己的德行，恐怕终将会遭受耻辱。"如果真正能将这种事情坚持到底，那么四海之内都会歌颂圣德，赞美之声就会达于天地，可以感通神明，更何况人心呢？"太后深深赞同并采纳了他的建议。

　　这里的太后，就是东汉时期的明德马皇后，她非常节俭，她的衣服大都是自己亲手制作的，因为她的双手常常劳动，所以长了茧，而她的佣人和后宫的妃子，穿的衣服也非常朴素，不会有很多华丽的装饰品。因为她是皇后，是一宫之主，所以下面的人也以崇尚节俭为荣，不会奢侈浪费。所以一个皇后节俭，影响的是整个皇宫的作风，进而影响整个天下的人。

　　老子说"为道日损，损之又损"，就是教导人们要克除自己的欲望，尤其是对国家有影响力的人更要如此。北宋的开国皇帝赵匡胤对于这个道理有深刻的认识，正是因为他居安思危，崇尚节俭，才奠定了大宋的基业。有一次，赵匡胤的女儿魏国长公主穿了一件由翠鸟羽毛作装饰的短上衣入宫，赵匡胤看到之后非常生气，对长公主说："你把这件衣服给我，从今以后不要用翠鸟羽毛作装饰了。"公主笑着说："这有什么了不起的，也用不了几根羽毛。"赵匡胤正色说道："你说得不对，你穿这样的衣服，宫中其他人看到了，也会纷纷效仿，这样一来，京城翠鸟羽毛的价格便会上涨了，商人看到有利可图，就会从四处辗转贩卖翠鸟，这要杀伤多少鸟啊？你千万不能开此奢华之端。"公主听了赵匡胤的话，赶忙叩谢父皇的教诲。

《礼记·礼运》中说："货恶其弃于地也，不必藏于己。"意思是说，自己用不完的东西不要浪费，不要抛弃在地上，而是要拿出来给需要的人使用。这个社会上还有很多吃不饱、穿不暖、需要帮助的人。为官者减损自己的用度和欲望，去帮助百姓，百姓就会尊重官员，理解官员的艰辛和苦衷，官民同心同德达到理想社会的境界。如此一来，百姓就建立起了对政府的信任感。

从历史上看，无论是革命战争年代，还是社会主义建设和改革开放时期，我们党能够得到人民群众真心拥护，都与勤俭节约、艰苦奋斗的优良作风密不可分。艰苦奋斗、勤俭节约，不仅是我们一路走来、发展壮大的重要保证，也是继往开来、再创辉煌的重要保证。不论我们国家发展到什么水平、人民生活改善到什么地步，艰苦奋斗、勤俭节约的作风永远不能丢。政府过紧日子，意味着精打细算，把钱花在刀刃上，让人民群众分享更多改革发展成果。

天下观：为而不恃，功成弗居

一、克己养民，仁者无敌

历史记载

　　昔者，秦力并万国，富有天下，破六国以为郡县，筑长城以为关塞。秦地之固，大小之势，轻重之权，其与一家之富、一夫之疆，胡可胜计也！然而兵破于陈涉，地夺于刘氏者，何也？秦王贪狼暴虐，残贼天下，穷困万民，以适其欲也。昔者，周盖千八百国，以九州岛之民，养千八百之君，用民之力，不过岁三日，什一而藉，君有余财，民有余力，而颂声作。秦皇帝以千八百国之民自养，力疲不胜其役，财尽不胜其求。一君之身，所以自养者，驰骋弋猎之娱，天下弗能供也。劳疲者不得休息，饥寒者不得衣食，无辜死刑者，无所告诉，人与之为怨，家与之为雠①，故天下坏也。身死才数月，天下四面而攻之，宗庙灭绝矣。

　　　　　　　　　　　　　——《群书治要·汉书五·传》

---

①雠：同"仇"，仇恨。

（宋仁宗）一日晨兴，语近臣曰："昨夕因不寐而甚饥，思食烧羊。"侍臣曰："何不降旨取索？"仁宗曰："比闻禁中每有取索，外面遂以为例。诚恐自此逐夜宰杀，以备非时供应，则岁月之久，害物多矣。岂可不忍一夕之馁，而启无穷之杀也？"

——《东轩笔录》

孟子见梁惠王。王曰："叟！不远千里而来，亦将有以利吾国乎？"孟子对曰："王！何必曰利？亦有仁义而已矣。王曰，'何以利吾国？'大夫曰，'何以利吾家？'士庶人曰，'何以利吾身？'上下交征利而国危矣。万乘之国，弑其君者，必千乘之家；千乘之国，弑其君者，必百乘之家。万取千焉，千取百焉，不为不多矣。苟为后义而先利，不夺不餍①。未有仁而遗其亲者也，未有义而后其君者也。王亦曰仁义而已矣，何必曰利？"

——《孟子·梁惠王上》

这两段记载分别是关于宋仁宗和梁惠王的，从中可

①餍：音yàn。满足。

以了解到"损己奉人"是中国古人"自他不二"的仁政思想的体现，表现在国与国的关系中，就是天下一家，合作共赢。

周朝时，大概有1800多个诸侯国，这1800多个诸侯国的国君役使民众非常轻微，每一年百姓服徭役不超过3天，国君还有很多财富用不完，国库非常充实。但是秦始皇统一之后，他让这1800多个诸侯国的人民来奉养自己，人民筋疲力尽，还有服不完的劳役，财富用尽了，还供不上他的需求。为了供养他一个人的享用，天下的人都很辛苦，可还是不能够让他满足。结果疲劳的人得不到休息，饥寒交迫的人没有衣服穿、没有食物吃，无罪被判处死刑的人没有地方去上告。结果人人与他结怨，家家与他结仇，风气也因此败坏了。秦始皇之所以失去天下，正是因为他想独占天下的利益，让天下人都服务自己，而不懂得天道损有余补不足的规律，所以最后秦朝很快就灭亡了。

作为君主，为什么要减损自己的用度、节制自己的欲望呢？中国古代著名的哲学家老子在《道德经》一书中说，"物或损之而益，或益之而损"，无论是自然界，还是人生的种种际遇，一切事物表面看起来受到了减损，实际上却可能得到了增益；表面上看起来得到了增益，实际上却可能受到了减损。这就像人们一心求取某物时往往很难得到，谦虚推让时反而容易获得；就像人们身居高位、富甲天下时，就容易骄傲跋扈、贪得无厌，也往往因此而招致祸患，损害自身。

古代的明君知晓这个道理，于是念念不忘节俭，时时克制欲望，战兢惕励，不敢有丝毫懈怠。历史上就记载了宋仁宗节制欲望的故事。宋仁宗是宋朝第4位皇帝，他是一位仁德的皇帝，在位期间厉行节俭，社会经济繁荣，百姓生活富足。有一次他对自己的一位近臣说："昨天晚上我睡不着觉，突然感觉到饥肠辘辘，非常想吃烧羊肉。"这位近臣说："吃烧羊肉岂是难事？皇帝您既然想吃，为什么不传旨让人做一个烧羊肉呢？"但宋仁宗却回答说："我怕我一旦传旨索要烧羊肉，恐怕从此以后就会成为惯例，即使不是每天都有烧羊肉吃，也会时常都有烧羊肉吃。这个先例一开，就不知道有多少羊会被宰杀。我怎么能够因为不忍受这一晚上的饥饿，而去开启日后无穷无尽的杀戮呢？"

还有一次，有人向宋仁宗呈献了28枚蛤蜊，在当时那是一种非常稀有的壳类海产品，每一枚都价值1000钱。宋仁宗看到蛤蜊，说："我这一筷子下去要花费多

少钱啊，这让我怎么忍心吃呢？"

宋仁宗的节俭不仅于此，他平时在私下休闲的时候，常常穿着那种洗了又洗的衣服。他的帷帐和被子也都没有华美的装饰，而且都是用特别普通的布料制成的。他之所以能够仁爱百姓，甚至仁爱动物，是因为他知晓万物本就互相依存，没有伤此荣彼的道理。所以他能够像爱护自己一样去爱护他人。对于他来说，减损自己的物质享受并不是真正的减损，而是帮助到与自己休戚相关的人、事、物，这实际上也是在帮助自己。从这里我们可以体会到，古代的明君确实有胜于普通人的智慧。

贤明的君主，懂得自然的规律就是损有余而补不足，所以主动减损自己的利益，去帮助别人。比如尧舜，他们虽然拥有天下，但是他们把身外之物都当作是"有余"，用这些身外之物去养万民，也即损己利人，所以他们能够被万民所拥护。所以古人说，能够称王天下的人，关心的都是百姓的富足；能够称霸天下的人，关心的是兵士的富足；只能勉强存在的国家，君主只关心官员的富足；而亡国之君，关心的就只有自己的利益了。如果只有君主自己的钱柜饱满，国库很充足，但是百姓贫穷，这就是上满溢而下干涸。这样的国家，必然会迎来倾覆的结局。

　　历史上，孟子也曾教导梁惠王不要把身外之物当作利益。一个国家的统治者，应当把遵循道义当作切实的利益。孟子去拜见梁惠王时，梁惠王说："老先生，您不远千里而来，一定是有什么对我的国家有利的高见吧？"

　　孟子回答说："大王！您何必说利呢？只要说仁义就行了。如果大王说'怎样使我的国家有利？'大夫就会说，'怎样使我的家庭有利？'一般人士和老百姓就会说，'怎样使我自己有利？'结果是上位的人和下位的人互相争夺利益，国家就危险了啊！在一个拥有10000辆兵车的国家里，杀害国君的人，一定是拥有1000辆兵车的大夫；在一个拥有1000辆兵车的国家里，杀害国君的人，一定是拥有100辆兵车的大夫。他们的兵车已经很多了，但是如果以利益为先，那么不夺得更多就不会满足。然而如果以道义为先，就不会有篡权夺位的人，因为一个有仁德心的人绝不会抛弃父母，一个讲道义的人绝不会不顾君王。所以，大王只说仁义就行了，为什么一定说利呢？"

　　在中国古人看来，对于一个国家来说，比利益更重要的东西是仁义。有了利益，国家仍会灭亡，但是有了仁义，国家却能行稳致远。所以中国古人能够做到损己利人，助人为乐，能够做到"己欲立而立人"，这就是做到了"恕"。当我们不断践行恕道，就会逐渐靠近仁德。

"仁"这个汉字，由"二"和"人"组成，意思是要把别人与自己看成一体，不分彼此。损有余补不足，其实就是对"一体"的深刻理解。既然是一体的，就没有谁受损谁受益之说了。就像左手受伤了，右手自然而然就会去帮助左手一样，人和人之间也应当和善、友爱、互助。推而广之，国家和国家之间也是这样，如果别的国家有困难，我们也会义不容辞地去帮助他们脱离困境。中国古人常说"仁者无敌"，并不是说仁者能够打败天下无敌手，而是说一个有仁德之心的人，能够不与别人产生对立，总是像帮助自己一样去帮助别人，所以他没有敌人。

中国还有一个词叫"一体之仁"，这也是中国自古以来对一体观的诠释。"一体之仁"就是"以天下为一家，以中国为一人"，把国家间关系处理成为带有浓厚家庭色彩的感情关系。子夏曾说"四海之内皆兄弟"，同样适用于国家间关系。"贞观盛世"的开创者、被不同种族尊为"天可汗"的唐太宗曾说过，一个有道德的君主，必然能在推行王道时以极其宽厚仁慈的爱心对待不同国家的人民，真正达到"天下一家"的最高境界。唐太宗所说的"爱之如一"，意味着在国家交往中以一种平等的眼光对待不同的种族和国家。他做到了国家间的一视同仁，不搞特殊和歧视。

今天，这种思想仍然影响着中国人的执政理念。习近平总书记在谈国家交往时说，"政治上要秉持公道正义，坚持平等相待，遵守国际关系基本原则，反对霸权主义和强权政治，反对为一己之私损害他人利益、破坏地区和平稳定"，这就是对"天下一家"的现代转换。

"大道之行也，天下为公"。十八大以来，习近平总书记出席了一系列多边峰会，创造性提出并全面阐述了中国外交新理念、新思想。他指出："中国梦是奉献世界的梦。'穷则独善其身，达则兼善天下。'这是中华民族始终崇尚的品德和胸怀……随着中国不断发展，中国已经并将继续尽己所能，为世界和平与发展做出自己的贡献。"

2017年1月18日，习近平总书记在日内瓦万国宫出席"共商共筑人类命运共同体"高级别会议，深刻、全面、系统地阐述了人类命运共同体理念，指出"迈向命运共同体，各国必须坚持相互尊重、平等相待；必须坚持合作共赢、共同发展；必须坚持实现共同、综合、合作、可持续的安全；必须坚持不同文明兼容并蓄、交流互鉴。"这意味着要在一个休戚相关的共同体内"摒弃零和游戏、你输我赢的旧思维，树立双赢、共赢的新理念，在追求自身利益时兼顾他方利益，在寻求自身发展时促进共同发展"。

习近平总书记还强调，一定要"把中国人民利益同各国人民共同利益结合起来，不断扩大同各国的互利合作，以更加积极的姿态参与国际事务，共同应对全球性挑战，努力为全球发展做出贡献"。这种外交理念已经得到其他国家的高度认可和赞赏。西方曾有学者指出，中国在国际事务中展现其领导能力的过程向世界传达出了"有原则、讲情谊、讲道义"的外交理念，对于整个世界的和谐共处有着极为重要的指导和借鉴意义。

二、劳谦君子，万民服也

历史记载

　　孔子观于鲁桓公之庙，有欹①器焉。孔子问于守庙者曰："此为何器？"对曰："此盖为宥坐②之器。"孔子曰："吾闻宥坐之器，虚则欹，中则正，满则覆，明君以为诫，故置于坐侧也。"顾谓弟子曰："试注水焉。"水实之，中则正，满则覆。夫子喟然叹曰："呜呼！夫物恶有满而不覆者哉？"子路进曰："敢问持满有道乎？"子曰："聪明睿智，守之以愚；功被天下，守之以让；勇力振世，守之以怯；富有四海，守之以谦；此所谓'损之又损之'之道也。"

　　　　　　　　　　——《群书治要·孔子家语·三恕》

　　周公摄天子位七年，布衣之士，执贽③而所师见者十

---

①欹：音qī。倾斜、歪向一边。
②宥坐：宥，同"右"。宥坐，置于座位的右边。
③执贽（zhì）：古代一种交际礼仪，持礼物作为相见之礼。多指谒见师长。

人，所友见者十二人，穷巷白屋，所先见者四十九人，进善者百人，教士者千人，官朝者万人。当此之时，诚使周公骄而且吝，则天下贤士至者寡矣。苟有至者，则心①贪而尸禄者也。尸禄之臣，不能存君也。

——《群书治要·说苑·尊贤》

　　以上两则节选是关于孔子和周公的故事，以圣人之口告诫人们，所谓"损之又损之"之道，就是要求上位者自身谦虚守中，不居功自傲。上位者能够将国家安治的功劳让给百姓，才能得到天下万民的拥戴。

　　孔子在观瞻鲁桓公的庙堂时，看到庙中有一个敧器，于是就向守庙人问道："这是什么器具？"

　　守庙人回答说："这大概就是放在君王座位右侧，用

敧器

　　敧器，古代一种倾斜易覆的盛水器。水少则倾，中则正，满则覆。君主可以放置于座位右侧以作为自身的警诫。

---

①心：作"必"。

以警诫君王的器具吧。"

孔子说："我听说这种器具，里面没有水的时候是倾斜的，当水正合适的时候它就能变端正，可是一旦水装满了，它就又倾倒了。因此贤明的君王把它放置在座位旁边，常用它来警诫自己。"接着，他回头对学生们说："你们灌水进去试试看。"

学生们于是向敧器里注水。果然，当水达到合适的位置时容器就端正了，但当水注满以后，容器就倾倒了。孔子于是非常感叹地说道："唉！普天之下哪里有很满了却能够不倾覆的事物呢？"孔子的一个学生子路上前问道："请问老师，这个世上有没有能够保持满却不倾倒的办法呢？"

孔子说："有啊，就是在自身的某一方面已经很满的时候，就要减损与之相对应的态度。比如一个人聪明睿智，就要能够保持敦厚若愚的态度；一个人功盖天下，就要能够保持礼让不争的态度；一个人勇力绝于当世，就要能够保持小心畏惧的态度；一个人富有四海，就要能够保持恭敬谦逊的态度。像这样，即使他们在某一方面有过人之处，但是由于能够减损自身的态度，就能够使自身得以保全。这就是古人所说的'损之又损'之道啊！"

孔子在这里为我们解释了为什么做人要"损之有损"，这是因为他懂得天道自然的规律。老子说："天之道，损有余而补不足"，天道其实是一件很简单的事情，就是过分的要受到制裁，而不足的要受到补益。老子自己也把这个规律运用得淋漓尽致，他说：我很珍视我所拥有的三件宝贝，一个是"慈"，一个是"俭"，一个是"不敢为天下先"。一个贤明的领导者，如果能够做到谦虚退让，把功劳和利益推让给别人，减损自己的利益去成就别人，就能得到民心，使万民归服，这就是由损至益。

其实"损"和"益"本来就是一个动态变化的过程，就像中国的太极图，阴阳两极不是固定不动的，而是阴极阳生、阳极阴生，是一个不断变动的过程。所以老子会说："物或损之而益，或益之而损"，不存在永远的"损"，或永远的"益"。这就像地势低洼的地方，水自然会流向那里，将其填满，但当水填满之后，又会溢出来流到别处是一样的道理。自然界处处存在"损之而益"和"益之而损"的现象，比如潮涨潮落，月圆月缺。古人通过观察自然现象发现了盛极必衰、消极必长的规律，他们也发现，不仅自然界如此，人生的种种际遇也同样遵循这一规律，比如乐极生悲、否极泰来等等。所以贤明的君王

周公

周公，姬姓，名旦，是周文王姬昌的第4子，周武王姬发的弟弟。曾两次辅佐周武王东伐纣王，并制作礼乐。因其采邑在周，爵为上公，故称周公。周公是西周初期杰出的政治家、军事家、思想家、教育家，被尊为"元圣"和儒学先驱。

懂得运用这一道理去治理国家，他们不是一味地追求满溢，让自己的利益最大化，而是适时求缺，把可以获得的利益让与他人，以此使国家和社会保持动态的平衡，进而持续稳定地发展繁荣。

《尚书》中也说："满招损，谦受益。"自满会招来损失，谦虚会得到益处。我们在历史上也可以看到"谦受益"的例子。《群书治要·说苑》中记载了周公的故事。周公代理天子之位7年，在这7年中，他是怎么做的呢？他以拜师之礼所求见的，有10个人；以朋友的礼节去求见的，有12个人；虽然是贫寒之士，但是可以优先见到周公的，有49个人。周公所举荐的贤良的德才兼备的人，有上百人；他所教导的读书人有上千人；他封官的人有上万人。假使周公在摄天子之位的时候，代理天子处理朝政

又骄傲又吝啬，那么天下贤德之士来求见他的人就会很少
了。这个故事告诉我们，周公虽然身处高位，但是对于有
德行、有学问的人，仍然非常谦虚礼敬。只有这种谦虚礼
敬的态度，才感召了这么多人才来到他身边，而且不遗余
力地帮助他。

《周易》中说"劳谦君子，万民服也"，就是说有
功劳而又谦虚的君子，必然会得到万民的景仰和归附。
对于这个道理，中国晚清时期的名臣曾国藩理解得特别
深刻。别人都求圆满、求五福临门，而曾国藩却给自己
的书房取了一个名字"求阙斋"。阙就是缺，求阙就是
求欠缺，曾国藩以此提醒自己不能盈满。因为他自己有
权有势又才华横溢，可以说近乎完美。如果这个时候不
谨慎或居功自傲，可能就会被皇帝视为眼中钉，群臣看
了也会嫉妒他。所以他自己为人处世和待人接物非常小
心谨慎，真正做到了"推功于上，让利于下"。这样无
论是上级还是下级都希望他有成就，都希望他能成功，
而不是嫉妒他、阻碍他。

明代四大高僧之一的憨山大师曾说：一个人虽然有
所作为，但是不自认为了不起；虽然有所成就，但是不自
己居功，这可以说是损的极致了。我们党和国家领导人多

次在不同场合提到，党和国家事业发展的一切成就归功于人民，只要紧紧依靠人民，就没有战胜不了的艰难险阻，就没有成就不了的宏图大业。这样的话不仅深深温暖了人民群众的心，更是把中国的发展与每一个人的努力关联起来。万众一心，众志成城，面对中国的迅速发展，中国的执政者并没有居功自傲，而是谦虚地把功劳推让给人民，这正是中国千百年来"劳谦"思想的传承和体现。

历史名言

1. 贤君之治国，其政平，其吏不苛，其赋敛节，其自奉薄，不以私善害公法，赏赐不加于无功，刑罚不施于无罪，不因喜以赏，不因怒以诛，害民者有罪，进贤举过者有赏。

——《说苑·政理》

2. 夫贤者之为人臣，不损君以奉佞，不阿众以取容，不堕公以听私，不挠法以吐刚。

——《潜夫论·潜叹》

3. 不任所爱之谓公，惟义（义作公）是从之谓明。

——《群书治要·申鉴》

4. 贤君治国，不以私害公。赏不加于无功，罚不加于无罪，法不废于仇雠；不避于所爱，不因怒以诛，不因喜以赏；不高台深池以役下，不雕文刻画以害农，不极耳目之欲以乱政。是贤君之治国也。

——《群书治要·阴谋》

5. 尺寸寻丈者，所以得短长之情也。故以尺寸量短长，则万举而万不失矣。是故尺寸之度，虽富贵众强不为益长，虽贫贱卑辱不为损短。公平而无所偏。

——《管子·明法解》

6. 圣人常善救人，故无弃人；常善救物，故无弃物。

《道德经》

7. 大道之行也，天下为公，选贤与能，讲信修睦。故人不独亲其亲，不独子其子。使老有所终，壮有所用，幼有所长，矜寡孤独废疾者，皆有所养。男有分，女有归，货恶其弃于地也，不必藏于己，力恶其不出于身也，不必为己。是故谋闭而不兴，盗窃乱贼而不作。故外户而不闭，是谓大同。

——《礼记·礼运》

8. 昔先圣王之治天下也，必先公，公则天下平矣。……故鸿范曰："无偏无党，王道荡荡。"

——《吕氏春秋·贵公》

9. 如地如天，何私何亲？如月如日，唯君之节。

——《管子·牧民》

10. 唯至公，故近者安焉，远者归焉。

——《群书治要·傅子》

11. 公私之分明，则小人不疾贤，而不肖者不妒功。……故三王以义亲天下，五霸以法正诸侯，皆非私天下之利也，为天下治天下。

——《商君书·修权》

12. 礼不下庶人，刑不上大夫。

——《礼记·曲礼》

13. 夫除无事之位，损不急之禄，止浮食之费，并从容之官。使官必有职，职任其事，事必受禄，禄代其耕，乃往古之常式，当今之所宜也。

——《群书治要·魏志·传》

14. 天下非一人之天下，乃天下之天下也。同天下之利者，则得天下；擅天下之利者，则失天下。

——《六韬·文韬·文师》

15. 明主之治国也，适其时事以致财物，论其税赋以均贫富，厚其爵禄以尽贤能，重其刑罚以禁奸邪；使民以

162

力得富，以事致贵，以过受罪，以功致赏，而不念慈惠之赐，此帝王之政也。

——《韩非子·六反》

16. 民富则安，贫则危。明主之治也，分其业而一其事。业分则不相乱，事一则各尽其力，而不相乱，则民必安矣。

——《群书治要·傅子》

17. 富国有八政：一曰：俭以足用，二曰：时以生利，三曰：贵农贱商，四曰：常民之业，五曰：出入有度，六曰：以货均财，七曰：抑谈说之士，八曰：塞朋党之门。

——《群书治要·袁子正书·治乱》

18. 圣王在上而民不冻饥者，非能耕而食之，织而衣之也。为开其资财之道也。

——《汉书·食货志上》

19. 王国富民，霸国富士，仅存之国富大夫，亡道之国富仓府，是谓上溢而下漏。

——《说苑·政理》

20. 天地生万物，圣人裁之。裁物以制分，便事以立官。君臣父子、上下长幼、贵贱亲疏，皆得其分曰治。

——《群书治要·尸子·分》

21. 以保息六养万民：一曰慈幼，二曰养老，三曰振穷，四曰恤贫，五曰宽疾，六曰安富。

——《周礼·地官》

22. 夫有公心；必有公道；有公道，必有公制。

——《群书治要·傅子》

23. 夫能通天下之志者，莫大乎至公。能行至公者，莫要乎无忌心。

——《群书治要·傅子》

24. 圣人不积，既以为人，己愈有；既以与人，己愈多。天之道，利而不害。圣人之道，为而不争。

——《道德经》

25. 天道亏盈而益谦，地道变盈而流谦，鬼神害盈而福谦，人道恶盈而好谦。……地中有山，谦；君子以裒多益寡，称物平施。

——《周易·谦卦》

26. 天之道，满而不溢，盛而不衰。明主法象天道，故贵而不骄，富而不奢，行理而不惰。故能长守贵富，久有天下而不失也。

——《管子·形势解》

27. 故物，或损之而益，或益之而损。

——《道德经》

28. 天道极即反，盈则损，物盛则衰，日中而移，月满则亏，乐终而悲。是故聪明广智，守以愚；多闻博辩，守以俭；武力勇毅，守以畏；富贵广大，守以狭；德施天下，守以让。此五者，先王所以守天下也。

——《群书治要·文子·九守》

29. 天无私覆也，地无私载也，日月无私烛也，四时无私行也，行其德而万物得遂长焉。

——《吕氏春秋·去私》

30. 治国之道万端，所以行之在一。一者何？曰：公而已矣。唯公心而后可以有国，唯公心可以有家，唯公心可以有身。

——《群书治要·袁子正书·贵公》

31. 天之道，其犹张弓与！高者抑之，下者举之；有余者损之，不足者补之。天之道，损有余而补不足。

——《道德经》

32. 我有三宝，持而保之。一曰慈，二曰俭，三曰不敢为天下先。

——《道德经》

33. 生而不有，为而不恃，功成而弗居。夫唯弗居，是以不去。

——《道德经》

图书在版编目（CIP）数据

等贵贱均贫富，损有余补不足：中国制度中的平等观念 / 杨小宸编著 . — 北京：外文出版社，2021.12

（读懂中国制度 / 刘余莉主编）

ISBN 978-7-119-12592-3

I. ①等… II. ①杨… III. ①国家－行政管理－中国－通俗读物

IV. ① D630.1-49

中国版本图书馆 CIP 数据核字 (2021) 第 268873 号

出版指导：胡开敏　杨春燕
丛书顾问：魏礼群
丛书主编：刘余莉
责任编辑：焦雅楠
插图绘制：北京晴晨时代文化发展有限公司
封面设计：北京凤焉图文设计工作室
印刷监制：秦　蒙

等贵贱均贫富，损有余补不足

中国制度中的平等观念

杨小宸　编著

© 外文出版社有限责任公司
出 版 人：胡开敏
出版发行：外文出版社有限责任公司
地　　址：北京市西城区百万庄大街 24 号　　邮政编码：100037
网　　址：http://www.flp.com.cn　　电子邮箱：flp@cipg.org.cn
电　　话：008610-68320579（总编室）　　008610-68996144（编辑部）
　　　　　008610-68995852（发行部）　　008610-68996183（投稿电话）
制　　版：北京红十月图文设计有限公司
印　　刷：北京侨友印刷有限公司
经　　销：新华书店 / 外文书店
开　　本：889×1194mm　　1/32
字　　数：92.4 千字　　　　　　　　　印　　张：5.25
印　　次：2022 年 2 月第 1 版第 1 次印刷
书　　号：ISBN 978-7-119-12592-3
定　　价：45.00 元